KB261063

청중을 사로잡는 명강의 기술

청중을 사로잡는 명강의 기술

청중을 사로잡는 명강의 기술

THE ART OF LECTURING

조관일(한국강사협회 회장) 지음

21세기북스

전 국민 강사 시대

지금은 '전 국민 강사 시대, 대중필자 시대'라고 합니다. 직업적 작가만이 아니라 일반 대중도 글을 쓰고 책을 냅니다. 그뿐만 아니라 거의 모두라 할 정도로 너도나도 '강의하는 일'에 참여합니다.

그렇게 된 데는 여러 요인이 있습니다. 아마도 테드TED가 큰 공헌을 한 것으로 생각합니다. 사실 우리나라에서 강의, 강연이 대중적 회오리를 일으킨 것은 얼마 전에 작고하신 황수관 박사님의 '신바람 강의'에서 비롯됐다고 봅니다. 그 이후 TV 강의가 바람을 일으키고 테드가 국내에 합세하면서 돌풍을 일으키고 있습니다. 요즘 우리나라 TV에서는 테드 흉내를 낸 강의 프로그램에서부터 이색 경험자들의 강연에 이르기까지 별별 강의가 다 이뤄지고 있습니다.

그뿐만이 아닙니다. 지식서비스업이 주목을 받게 됐습니다. 거기에다 다양한 직업, 경험, 경력을 가진 사람들이 쏟아져나왔습니다. 강의 시장이 엄청나게 커졌습니다. 더구나 고령화사회가 되고 설상가상으로 베이비붐 세대의 은퇴돌진이 이뤄지면서 그런 경향이 더욱 심화했습니다.

은퇴자뿐만이 아닙니다. 교수와 교사도 있습니다. 기업에서도 강의에 대한 수요가 많아졌습니다. 그래서 젊은 직장인들 사이에서도 어떻게 하면 강의를 잘할 수 있을지가 큰 관심사가 되고 있습니다. 그런 경향 때문에 결국 대학을 비롯해 사회교육기관, 컨설팅 업체 등 강의 기법을 가르치고 훈련하는 곳이 엄청나게 많아졌습니다. 적절한 기회에 강의하는 법을 배우려는 사람들도 폭발적으로 늘어났습니다.

❖ 명연사와 명강사는 다르다

그런데 가만히 보면 사람들이 착각하는 것 같습니다. TV에 한 번쯤 나가 강의를 살했다고 성발 명상사인 줄로 말입니다. 18분싸리 강의인 테드나 우리나라 KBS의 「강연 100°C」, CBS TV의 「세상을 바꾸는 시간, 15분」 등 짧은 일회성 강의를 멋지게 한 사람은 '명연사'이지 '명강사'는 아닙니다(물론 그분들 중에 명강사도 있지만). 명연사는 원고를 잘 작성해서 강의 1회를 잘할 수 있는 사람입니다. 그러나 명강사라면 다양한 주제에 대해 여러 번 잘할 수 있는 사람입니다. 직업적으로 프로 역량을 갖춘 사람입니다. 이 책이 '명강사 만들기'에 초점을 맞춘 것임은 말할 것도 없습니다.

❖ 명강의를 한다고 명강사는 아니다

또 있습니다. 사람들은 한 번쯤 명강의를 하면 금세 명강사라고 합니다. 물론 좋게 말해주려는 칭찬임을 압니다. 한두 번 명강의를 했다고 해서 명강사가 되는 것은 아닙니다. 집중적 훈련과 쇼맨십을 발휘해 누구나 명강의를 할 수는 있습니다. 그러나 명강사는 다릅니다. 그 사람의 품격에서부터 지적 수준, 사회적 기여, 경험 따위를 강의 기술과 더불어 종합적으로 고려하고 판단해 평가해야 합니다.

이 책은 그런 '명강사 만들기'에 초점을 맞췄습니다. 즉 언제 어디서 어떤 주제에 대해서도 명강의를 할 수 있는 품격 있는 명강사 말입니다.

● ● ●

이 책은 이렇게 구성됐다

강의 기술을 잘 익혀 명강의 명강사가 된다는 것은 몇 주의 교육과 훈련으로 할 수 있는 것이 아닙니다. 책을 한두 권 읽어서 되는 것은 더욱 아닙니다. 저처럼 35년 동안 꾸준히 강의해온 프로 강사도 그 수준이 지금 이 정도입니다. 35년 정도 강의했으면 이전보다 훨씬 강의를 잘해야 맞습니다. 그런데 실제는 그렇지 않습니다. 돌이켜보면 젊은 날에 오히려 강의를 더 잘했던 것 같기도 합니다.

강의 경력이 쌓일수록 강의하는 것이 어려워집니다. '아는 것이

병’이라고 청중을 알면 알수록 겁이 납니다. 거기에다가 새로 강의 판에 진출하는 사람 중에 다양하게 강의를 잘하는 사람이 참 다양하고도 많아졌습니다. 그만큼 예전 실력으로는 뒷전으로 밀려난다는 이야기가 됩니다.

당신도 마찬가지입니다. 강의 기술은 한번 잘 훈련해놓으면 평생 활용할 수 있는 좋은 능력이 됩니다. 하지만 ‘이 정도면 됐다’고 자만하는 순간 뒷전으로 밀려날 수 있습니다. 실력을 갈고 닦아야 한다는 말입니다.

그래서 이 책은 꾸준히 연습하고 훈련하는 데 도움이 되도록 만들어졌습니다. 저는 20년 전에 나름의 강의 기법을 담아 『강의·강연·연설 이렇게 하라』라는 책을 낸 적이 있습니다. 돌이켜보면 초보적인 것입니다. 또한 2010년에는 베스트셀러가 됐던 스피치 관련 책 『멋지게 한말씀』을 냈습니다. 말에 대한 관심을 지속적으로 가진 것입니다. 그래서 내친김에 강의 기법을 집대성한 책을 내기로 했습니다.

‘강의에 관한 한은 이것으로 끝장내겠다’는 각오와 목표로 책을 썼습니다. 더욱이 이번에 (사단법인)한국강사협회의 회장이 된 것이 그 결심을 재촉했습니다. ‘전 국민의 강사’ 시대에 일조해야겠다는 약간의 의무감이 작용한 것도 사실입니다.

이 책을 씀에 있어서 기존의 책들과 차별화하고 더욱더 좋은 강의 기법을 배울 수 있는 책이 되게 하려고 나름대로 심혈을 기울였습니다. 그 기준은 다음과 같습니다.

❖ 8단계 훈련 워크북

이 책은 8단계 훈련으로 강의 기법을 완성하는 구성입니다. 각 단계에서 훈련하는 것마다 3회에 걸쳐 체크할 수 있는 워크북 형태를 도입했습니다. 그래서 8단계를 다 마치고 나면 강의 기법을 확실히 터득하도록 한 것입니다.

각 단계에서 훈련할 것은 다음과 같습니다. 8단계를 모두 거칠 필요는 없습니다. 그러나 당신의 강의 수준에 따라 다릅니다. 이미 강사의 길을 걷고 있는 사람이라면 3단계나 4단계 또는 6단계부터 훈련해도 됩니다. 강의 수준과 필요에 따라 융통성 있게 적용하기 바랍니다.

1단계 명강의 명강사 훈련을 위한 준비

2단계 목소리, 발음, 말투 훈련

3단계 강의 스타일 다듬기와 맞춤 전략

4단계 콘텐츠 만들기

5단계 강의 계획 수립과 강의안 만들기

6단계 강의 실전 – 강의 기술, 강의 화술

7단계 강의 효과를 더 높이는 기술

8단계 강의 능력 검진, 분석

❖ 'MS＋'(My Style Plus) 방식 채택

두 번째로 신경 쓴 것은 소위 'MW＋'(My Way Plus) 방식입니다. 'MW＋' 방식이란 제가 주창하는 강의 기술 훈련 방식입니다. 강사 각

자에게 주어진 조건(목소리, 이미지, 언변, 몸동작, 연기력 등)을 강사의 개성으로 그대로 수용하고, 그 개성을 바탕으로 한 강사 특유의 기법 (My Way)으로 강의하되, 약간의 교정과 단점 보완(+)을 통해 명강의 명강사에 도전하는 것입니다.

솔직히 명강사가 되는 것은 어느 정도 타고나야 합니다. 타고난 스타일을 하루아침에 바꿀 수는 없습니다. 아무리 훈련해도 안 될 사람은 안 됩니다. 그렇다면 타고나지 않은 사람은 어떻게 하라는 말입니까? 불가능하다는 말입니까? 물론 아닙니다. 그래서 강사의 특성에 맞는 훈련, 강의 대상, 강의 기법, 강의 주제로 강의하게 한 것이 이 훈련 과정의 특색입니다. 그러면 누구나 명강사가 될 수 있다고 확신합니다.

❖ EQM(The Easy & Quick Method) 적용

세 번째는 쉽고도 빠른 방법 The Easy & Quick Method 으로 훈련받게 신경 썼습니다. '쉽고 빠른 방법'이라고 해서 얼렁뚱땅 넘어가는 방식이 아닙니다. 이 책에서 꼭 하도록 권하는 바를 모두 실천하면 집중훈련이 됩니다. 그 집중훈련을 통해 단기간에 능력이 배양되도록 한 것이 바로 'EQM'입니다.

그것은 지금까지 수많은 강의 기법이 소개됐으면서도 '왜 잘 안될까?'라는 점에 착안한 것입니다. 그래서 강의 기술의 중요성 등을 다루는 것과 같이 쓸데없는 이론은 과감히 배제했습니다. 멋진 강의, 강연, 연설을 할 수 있기를 소망하는 사람에게 도움이 되고 훈련을 받을 수 있도록 핵심 중심으로 집필했습니다. 강의, 강연, 연설에 대한 '이론'

을 집대성한 것이 아니라 어떻게 하면 잘할 수 있을 것인지 '실효성'에 중점을 뒀다는 말입니다. 따라서 중언부언하는 장황한 해설이나 대중 화술에 대한 순수이론적 설명은 되도록 배제했습니다. 실천적 방법론을 깊이 있게 다뤘습니다.

❖ 밑줄을 치고 지시사항을 체크하며 따라 하라

이제 훈련에 들어갑니다. 먼저 강의 주제를 하나 선정한 후, 이 책에서 시키는 대로 하면 됩니다. 트레이너와 1대 1의 대면 훈련이 필요할 만큼 결정적인 결함이 있는 사람이 아니라면 이 책의 훈련과정으로 명강의 명강사를 정복할 수 있습니다. 이번에 끝장내야 합니다. 늘 강의 기술 때문에 스트레스받으며 전전긍긍할 이유가 없습니다. 그러기 위해 이 책의 훈련법을 그대로 따라 하기를 다시 한 번 강력히 권고합니다.

책에서 설명하는 것 중에서 당신에게 해당하거나 앞으로 강의를 할 때 꼭 실천해야 할 사항이라고 생각되는 부분은 밑줄을 쳐가며 요약하고 자주 읽어봅시다. 머리에 확실히 각인하고 체질하도록 해야 합니다.

지시된 항목 중에 □ 표시가 돼 있는 것이 있습니다. 당신의 해당 여부를 체크하라는 것입니다. □□□ 표시된 것은 3회에 걸쳐서 해당 항목을 점검하라는 것입니다. 책을 읽는 처음에 한 번, 한 달 후에 한 번, 그리고 강의 기술 훈련이 완성됐다고 생각될 때 최종 점검을 하면서 한 번 합니다. 긍정적 답변을 할 수 없거나 부족하다고 생각될 때는 □ 안에 × 표시를 하면 됩니다. 반대로 당신의 능력이 충분하다고 판단될 때는 ○ 표시를 합니다. 마지막 점검에서 모든 항목에 ○ 표시가 된 날, 당신은 명강사로 거듭나게 됩니다. 그 전체 과정은 될 수 있는 대로 빠르면 좋습니다. 그러나 늦어도 3개월 이내에 끝내야 합니다. 90일 작전입니다.

2013. 5.

조관일

차례

"명강의를 한다고 명강사는 아니다."

The Art of
Lecturing

"모든 훌륭한 연설가도 처음에는 형편없었다."
— 에머슨(미국의 사상가, 시인)

앞의 프롤로그를 읽었습니까? 책을 읽을 때 프롤로그를 그냥 지나치는 사람이 뜻밖에 많습니다. 그러나 그것에서 그 책의 방향과 활용법을 알아야 합니다. 저자가 어떤 의도로 책을 썼는지도 알아야 합니다. 아직 읽지 않았다면 다시 처음으로 돌아가기를 권합니다.

이제부터 당신은 명강의 명강사 훈련과정을 시작합니다. 가장 먼저 해야 할 일은 마음의 준비를 하는 것입니다. 단호한 각오를 하는 일입니다. 시작이 반입니다. 각오가 다부지면 당신은 머지않아 명강의를 하게 됩니다. 그러나 결심이 굳지 못하면 중도에 포기할 확률이 그만큼 높습니다.

당신이 아직 명강의에 자신이 없다면 두 가지 이유 때문입니다. 하나는 아직 명강의에 대한 욕구가 절실하지 않다는 것입니다. 또 하나는 그러기에 훈련을 제대로 하지 않았다는 것입니다.

훈련, 받을 것인가 말 것인가

강의 기술을 훈련하기에 앞서 당신이 먼저 해야 할 일이 있습니다. '명강사가 되기 위한 훈련을 받을 것인가 말 것인가'를 확실하게 결정하는 일입니다. 책을 읽어본 후에 마음이 내키면 해보고, 그렇지 않으면 포기할 것이라는 식으로 우유부단하게 생각합니까? 그렇다면 더는 훈련에 참여할 필요가 없습니다. 왜냐하면 당신은 아직 강의 기술이 절실하게 필요한 사람이 아니며 명강사가 되겠다는 의욕도 별로 강하지 않은 사람이기 때문입니다. 강의나 화술에 대한 단순한 흥미와 호기심 때문에 이 책을 읽는다면 그것은 시간낭비에 불과합니다.

'할 것인가 말 것인가?'

그 확실한 결단이 명강사가 되기 위한 첩경입니다. 명강의를 할 수 있게 되느냐 못되느냐를 결정짓는 갈림길이 됩니다. 강의 기술을 훈련하기에 앞서 당신의 목표와 의지를 확고히 해야 합니다.

당신의 분명한 의지에 서명하십시오!

☐ 하겠다(   )   ☐ 글쎄(   )   ☐ 포기하겠다(   )

읽는 것만이 능사는 아니다

화술에 관한 책은 무수히 많습니다. 강의나 스피치에 대한 것도 마찬가지입니다. 그런데도 수많은 사람이 강의 기술을 터득하는 데 실패하는 이유는 무엇일까요? 여러 이유가 있습니다. 가장 결정적인 것은 '책을 읽어서' 강의 기술을 배우려 한다는 데 있습니다.

물론 강의 기술을 배우기 위해 책을 읽어야 합니다. 그런데 단지 '읽는 것'이 되면 안 됩니다. 책을 백 번 읽어도 강의 기술은 체득되지 않습니다. 강의 기술에 관한 이론에 해박하다고 해서 강의가 잘된다면 세상에 강의를 못할 사람은 없습니다.

책 한 권을 뚝딱 읽어치우는 것은 아무런 의미가 없습니다. 시간낭비입니다. 책을 보고 그 지시대로 실행하는 것이 중요합니다. 훈련을 쌓아야 합니다.

그러므로 이제부터 이 책이 시키는 대로 실행해야 합니다. 스스로 훈련을 해야 합니다. 귀찮고 번거롭더라도 꼭 그렇게 해야 합니다. 앞에서 '당신의 의지에 서명하라!'고 했습니다. 서명했습니까? 그냥 지나쳤다면 다시 앞으로 가 서명해야 합니다. '하겠다' 난에 서명한 사람만이 이 단계로 넘어올 자격이 있습니다.

"책을 아무리 많이 읽어도 명강의가 되지는 않는다."

목표 선언을 하라

●

자, 이제 단단히 각오했습니까? 이 책이 지시하는 대로 훈련할 것을 약속합니까? 그렇다면 아래에 당신의 각오와 목표를 쓰도록 합시다. 쓰면 이뤄진다고 했습니다.

이 훈련은 늦어도 3개월 이내에 끝내야 합니다. 너무 길게 목표를 잡으면 결국 흐지부지되고 맙니다. 쇠뿔도 단김에 빼라고 했습니다. 당신은 이번 기회에 명강사로 변신해야 합니다. 그러면 생각지도 못했던 의외의 길이 열릴 수 있습니다. 그 기대와 희망을 안고 목표선언서를 작성하기 바랍니다.

· 목표선언서 ·

· 왜 당신은 명강의 명강사에 도전해야겠다고 생각합니까?
그 확실한 이유를 적어봅시다.

나는 ____

______________________________ 이유로 명강의 명강사에 도전한다.

· 언제까지 목표를 달성할 것인지, 그것도 적어놓읍시다.

나는 (언제)______까지, (어떤 수준, 목표)__________________

______________________________을(를) 하겠다.

"이 훈련은 3개월 이내에 끝내야 한다.
길게 목표를 잡으면 결국 흐지부지되고 만다."

무조건 따라 하라

목표선언서를 작성했습니까? 그랬다면 이제 당신은 명강사의 길로 첫발을 내디딘 셈입니다. 명강의를 해보겠다는 불같은 열정이 있습니까? 이 기회에 명강사가 돼보겠다는 뚜렷하고도 확고한 목표가 있습니까? 그렇다면 이제부터 제시되는 강의에 관한 여러 가지 기술과 방법에 대해 철저히 순응하고 실천해달라고 강력히 요구하겠습니다.

훈련과정이나 내용 중에 당신의 생각과 일치하는 부분은 받아들이고 일치하지 않는 부분은 외면하는 식으로 취사선택해서는 안 됩니다. 소기의 성과를 기대하기 어렵습니다. 만약 강의 기술이 불만족스럽다면 지금까지 그런 마음가짐과 방식으로 강의를 해왔기 때문입니다. 그래서 기술 향상이 이뤄지지 않은 것입니다.

이 강의법은 일종의 '패키지 프로그램'입니다. 그러므로 이 책에서 제시하는 여러 기법을 빠짐없이 성실하게 받아들여 철저하게 실천해줄 것을 다시 한 번 당부합니다. 무조건 따라 하라고 강력히 요청합니다.

> "이 강의 기술 훈련에서 당신에게 취사선택의 권리는 없다.
> 무조건 그대로 따라 하라."

이대로 하면 분명히 된다

다시 한 번 강조합니다. 이 책이 제시하는 여러 방법을 철저하게 따라 하고 실천하기 바랍니다. 책을 읽는 것에 그친다면 모든 것이 허사입니다. 이 책을 한 번 읽는 데는 불과 4~5시간이면 충분합니다. 그 정도의 '책 읽기'로 명강사가 될 수 있다면 이 세상에 강의를 제대로 하지 못해서 전전긍긍할 사람이 어디 있겠습니까?

강의 기술은 책을 읽는 것으로는 절대로 터득되지 않습니다. 가르쳐주는 기법을 철저하게 마음에 담고, 철저하게 따라 하고, 철저하게 실천하고 반복해야 합니다. 제가 권하는 방법은 35년 이상 수많은 강의를 하면서 터득한 것들입니다. 육성과 화면으로 설명하지 못하고 활자로 설명해야 하는 어려움이 있습니다. 하지만 상상력을 최대한 동원하면서 책을 읽고 훈련해야 합니다.

충고를 곧이곧대로 받아들이는 순수함을 가지고 원리원칙대로 실천할 때만이 당신이 목표로 하는 명강의 명강사를 이룰 수 있습니다. 사실, 강의 기법 그 자체는 별것 아닙니다. 명강의를 하는 것이 그리 어려운 일도 아닙니다. 그럼에도 잘 안 되는 까닭은 강의 기술의 원리대로 실천하지 않기 때문입니다. 이 책에서 제시하는 것들을 우직할 정도로 그대로 실천하기 바랍니다. 스스로 훈련해야 합니다. 그러면 반드시 명강의를 할 수 있게 됩니다. 당신도 분명히 명강사가 됩니다.

"명강의 하기가 어려운 것은 아니다.
명강사 되기가 어려운 것은 아니다.
강의의 원칙을 철저하게 실천하는 사람이 드물 뿐이다."

1단계 ✓ 체크하기

☐☐☐ 이제 2단계로 넘어갈 준비가 됐습니까?

02

"'이 사람은 틀렸다.' 강사가 말을 시작하자마자 청중은 순식간에 판단한다. 무엇 때문인가? 목소리, 발음, 말투, 즉 말하는 품새 때문이다."

명강의 명강사를 위한 훈련 준비가 됐다면 2단계로 넘어갑니다. 실질적으로는 이제부터가 진짜 훈련, 첫 단계인 셈입니다.

여러분께 가장 먼저 권하는 것은 목소리, 발음, 말투에 관한 것입니다. 전체 단계가 모두 끝날 때까지 지속해서 해야 하는 훈련이기 때문입니다. 이 단계에서 지시하는 바를 꾸준하고 성실하게 이행해주기 바랍니다. 다시 강조합니다. 명강의는 책을 읽는 것으로 되지 않습니다. 명강사도 이론으로 되는 것은 아닙니다. 쑥스럽기도 합니다. 귀찮기도 합니다. '이래도 되는 건가?' 하고 회의가 들기도 할 것입니다. 그러나 의심하지 말고 묵묵히 훈련하십시오. 그 성실한 실천이 명강의를 가능하게 합니다. 명강사로 거듭나게 합니다.

목소리, 발음, 말투의 비중은 어느 정도일까

명강의 명강사에 있어서 목소리, 발음, 말투가 차지하는 비중은 어느 정도일까요? 화술의 대가인 데일 카네기는 이렇게 말했습니다.

"제가 맨 처음 스피치 강좌를 시작했을 때는 말의 울림이라든가 억양을 민활하게 하는 음성 훈련에 많은 시간을 할애했다. 하지만 나는 곧 어른들에게 음성의 음역을 넓힌다든가 하는 식으로 훈련하는 것이 무의미하다는 것을 깨달았다. 물론 3년이나 4년씩 걸려서 음성구사 기술을 연마하려는 사람들에게 있어서는 그런 것도 좋은 시도이기는 하다. 그러나 나는 우리 강좌의 수강생들이 자기의 타고난 음성으로 만족할 수밖에 없다는 것을 깨닫게 됐다. 그때까지 수강생들에게 횡격막 호흡을 터득시키느라고 소비한 시간과 정력을 다른 데로 돌려야 했다. 그것보다도 훨씬 중대한 억압이라든가 주저하는 태도에서 자신을 해방시킬 수 있도록 하는 방향으로 말이다. 그렇게 한다면 참으로 놀라운 결과를 신속하고도 영속적으로 성취할 수 있으리라는 것을 깨닫게 된 것이다."

데일 카네기는 목소리, 발음, 말투 등에 대해 훈련하는 것을 **별로** 좋게 보지는 않았습니다. 그러나 다른 주장도 엄연히 존재합니다. 영국의 전 수상 윌리엄 글래드스턴은 다음과 같이 말했습니다.

"스피치와 음성을 훈련하는 데 들인 시간과 돈은 그 어느 것보다 보상이 확실한 투자다."

또한 미국의 심리학자 메라비언은 같은 말이라도 목소리에 따라 의

사전달 효과가 38퍼센트나 좌우된다고 했습니다. 하버드 대학에서 연구조사한 내용을 볼까요? 청중의 80퍼센트 이상이 말하는 사람의 목소리만으로 그의 신체적, 성격적 특성을 규정짓기 때문에 강의에서 목소리가 매우 중요하다고 했습니다. 강의에서 목소리의 중요성을 주장한 전문가는 그 외에도 많습니다.

양쪽의 주장 모두 일리가 있습니다. 우선 카네기의 주장부터 살펴보겠습니다. 사실 목소리와 발음을 훈련하는 데 너무 많은 시간을 투자할 필요는 없습니다. 노력의 낭비입니다. 왜냐하면 대다수 사람이 목소리와 발음 때문에 명강의를 못하는 것은 아니기 때문입니다. 그러나 문제는 목소리나 발음 때문에 결코 명강의를 할 수 없는 사람이 있다는 사실입니다. 당신도 그런 경험이 있을 것입니다. 어떤 사람이 강의를 시작했는데 목소리 등 말하는 품새를 듣는 순간 '이 사람은 틀렸다'라고 단정 지은 경험 말입니다.

그렇습니다. 명강의 하는 법을 배우겠다고 저를 찾아오는 사람 중에 가끔 그런 사람을 만날 때가 있습니다. 목소리, 발음, 말투에 치명적 결함이 있는 사람입니다. 그럴 때 참 곤혹스럽습니다. "당신은 기본적으로 명강사가 되기 어렵다"라고 분명히 말해줘야 하는데 그럴 수 없으니까요. 더 큰 문제는 자신이 그 치명적 결함을 모른다는 점입니다. 결론적으로 목소리 등 말하는 품새에 결정적 결함이 있는 사람은 지독한 훈련을 쌓아야 합니다.

'치명적 결함'은 대화할 때는 모릅니다. 그냥 넘어갈 수 있습니다. 그런데 강단에 세워보면 금방 드러납니다. 다음과 같은 경우가 강사로서

도저히 남 앞에 설 수 없는 사람입니다. 문제는 자기 자신이 그런 사실을 잘 모른다는 데 있습니다. 그래서 타인에게 체크를 받아봐야 합니다. 그런 사람은 당연히 집중훈련을 통해 교정해야 합니다.

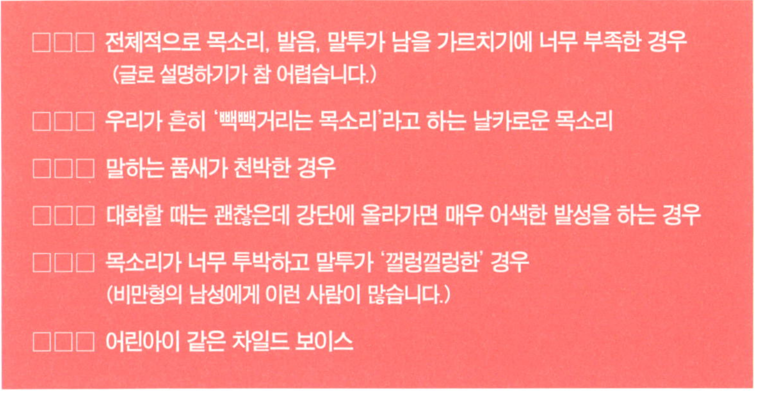

• 당신이 이런 치명적 결함에 해당하는지 □ 속에 체크합시다. 개선하려고 노력하면서 계속 체크해보세요.

"치명적 결함은 반드시 교정하고 강단에 서야 한다."

문제점을 체크하라

목소리, 발음, 말투 교정을 위해서는 일단 자신의 상태를 오디오 체크해보는 것이 제일입니다. 실제로 당신이 강의하는 것을 녹음해 들어보는 것이 가장 좋습니다. 그것이 어렵다면 대화하는 것을 녹음해서 체크해봐야 합니다. 요즘은 휴대전화로도 얼마든지 녹음할 수 있습니다. 조금만 노력하면 오디오 체크는 쉽습니다.

오디오 체크는 꼭 해야 합니다. 사람들의 목소리와 발음은 직접 대면해 들을 때는 잘 모릅니다. 그런데 마이크를 통한 목소리는 다릅니다. 대화할 때는 몰랐는데 마이크 목소리(또는 녹음된 목소리)를 들어보면 많은 차이를 느끼는 수 있습니다. 저만 봐도 그렇습니다. 기계를 통한 목소리는 마치 '감기 걸린 듯한 비음'입니다. 특정 발음은 정확하지 않습니다. 말투도 '나 같지 않음'을 느끼게 됩니다.

자기 목소리를 녹음해서 들어보면 자기가 아닌 것 같은 느낌이 듭니다. 소리의 전달체계가 다르기 때문입니다. 자기의 육성을 들을 때는 목소리가 성대로부터 직접 고막을 통해 들립니다. '본 컨덕트bone conduct'의 작용을 받는 것입니다. 하지만 다른 사람의 목소리를 듣는 것은 공기의 진동을 통해서 듣습니다. '에어 컨덕트air conduct'의 작용입니다. 그렇기 때문에 같은 목소리라도 다르게 들립니다. 당신이 듣는 당신의 목소리와 남이 듣는 당신의 목소리가 다르다는 말입니다. 그러기에 오디오 체크를 꼭 해봐야 합니다.

체크해봤습니까?

이 과정은 프로 강사로서 필수입니다. 반드시 해봐야 합니다. 어떻습니까? 아래에 체크 결과를 적어놓고 다음으로 넘어갑시다.

- 목소리의 상태는? 쉰 소리, 탁한 소리, 너무 튀는 목소리, 쇳소리, 고음은 아닙니까?

- 발음은 정확합니까? 특히 잘되지 않는 발음이 있습니까?

- 말투와 어조는 어떻습니까? 짜임새가 없고 엉성하지 않습니까? 또는 지나친 사투리는 아닙니까? 약간의 사투리는 오히려 강점일 수 있습니다. 하지만 심하다면 문제가 될 수 있습니다.

- 세 가지를 모두 기록했습니까? 오디오 체크는 자신보다도 타인에게 부탁해서 평가를 받는 것이 좋습니다. 사람은 자기 자신에 대해 잘 모르기 때문입니다.

목소리 교정하기

목소리 교정 훈련을 받아야 할 만큼 나쁜 음성을 가진 사람은 많지 않습니다. 설령 목소리가 좋지 않더라도 청중은 그 목소리에 동화됩니다. 다행입니다. 개그우먼 박경림 씨가 대표적이라 할 수 있습니다. 그녀는 약간 쉰 목소리입니다. 처음 듣는 사람이라면 신경 쓰이는 목소리입니다. 그러나 TV 시청자들은 그 목소리를 당연한 것으로 받아들이고 있습니다. 시간이 조금 지나면서 동화되기 때문입니다.

목소리가 좋지 않으면 강의 초반에는 청중에게 부담을 줄 수 있습니다. 그러나 강의가 계속 진행되면서 청중 자신이 강사의 음성에 적응합니다. 감각이 무뎌지는 것입니다. 나중에는 별다른 거부감을 느끼지 못하게 됩니다.

따라서 유별나게 나쁜 목소리가 아니라면 음성에 대해 너무 신경을 쓸 필요는 없습니다. 그러나 만약 청중에게 부담을 줄 정도로 나쁜 음성이라면 당연히 교정 훈련을 해야 합니다. 심하다면 외과적 수술을 통해 다듬어야 합니다.

예를 들어 찢어지는 듯한 목소리, 탁하거나 쉰 목소리, 지친 목소리, 금속성의 날카로운 목소리, 어린아이 같은 목소리 등은 명강사가 되는 것을 방해할 수 있습니다.

앞에서 체크해본 결과 당신의 목소리가 '도저히 안 되겠다'는 수준이라면 교정을 해야 합니다. 그러나 앞에서 언급했듯이 목소리를 확 바꿔야 할 만큼 나쁜 사람은 많지 않습니다. 그러므로 '교정'보다는 약간의 '연출', 즉 '목소리 화장'을 권합니다. 목소리 화장은 목소리를 바꾸는 것이 아닙니다. 조금 더 다듬고 연출하는 것입니다.

우리는 대화할 때 타고난 대로 말합니다. 그러나 만약 당신에게 뉴스를 전달하는 아나운서, TV 앵커, 방송 사회자로서 말을 해보라면 어떻게 하겠습니까? 대화할 때처럼 '타고난 대로' 말하지 않을 것입니다. 목소리를 꾸며서 낭랑한 목소리와 밝은 목소리로 생동감 있고 멋지게 말할 것입니다. 그것이 바로 목소리 연출, 목소리 화장입니다.

목소리 교정을 위한 훈련 방법으로써 고성 발성, 즉 큰 소리를 내는 훈련이 많이 사용됩니다. 웅변가나 가수가 산속이나 바닷가에서 고성 발성을 연습하는 것이 좋은 예입니다. 힘없는 목소리를 교정해 풍부하고 아름다운 목소리로 바꾸고 싶다면 좋은 연설문이나 강의안을 가지고 큰 소리로 말하는 훈련을 하는 것도 좋습니다(훈련은 고성 발성으로 하지만 실제로 강의할 때는 목소리를 낮춥니다).

특히, 음의 폭이 가는 사람, 즉 차일드 보이스인 경우에는 파열음(ㄱ, ㄲ, ㅋ, ㄷ, ㄸ, ㅌ, ㅂ, ㅃ, ㅍ)을 연습합니다.

"가! 까! 카! 다! 따! 타! 바! 빠! 파!"

이렇게 큰 소리로 연습을 많이 하면 음성이 굵어진다고 합니다.

·목소리 교정 결과·

□□□ 당신의 목소리, 이제 괜찮습니까?

"한 컨설팅 업체가 세계적으로 성공한 비즈니스맨 100인에게 '성공의 가장 중요한 열쇠가 무엇이냐?'고 질문했다. '우선 목소리를 다듬어라' 하는 응답이 가장 많았다."

발음 교정하기

●

강의할 때 발음 때문에 곤란을 겪지는 않습니다. 그러나 특정한 단어에서 발음이 엉키는 사람은 많습니다. 저도 강의하는 것을 녹음해서 들어보면 받침 있는 단어에서 불명확하게 들리거나 바람이 새는 것처럼 들릴 때가 많습니다.

특히 나이가 들어 중장년층을 넘어서면 발음이 흐려지기도 합니다. 혀가 굳어 발음이 정확하지 않을 수도 있습니다. 그 때문에 저는 아침에 잠자리에서 일어나면 입을 크게 벌리며 "아, 이, 우, 에, 오"를 해봅니다. 프로 강사로서 조금이라도 더 오랫동안 명확한 발음을 유지하기 위해서입니다.

만약 당신도 발음에 문제가 있거나 더욱 정확한 발음을 하고 싶다면 나름대로 방법을 정해 발음 훈련을 해볼 필요가 있습니다. 도움이 됩니다.

발음을 교정하기 위한 훈련 방법의 하나로 볼펜을 이용하는 방법이 많이 활용됩니다. 북한을 탈출해 귀순한 후 우리나라에서 배우로 활약하고 있는 김아무개 씨가 있습니다. 대학교에 입학하면서 이런 말을 했습니다.

"지난 몇 년 동안 한국에서 생활하면서 가장 인상 깊은 것이 있다. 입에 볼펜을 물고 발음 교정을 한 것이다."

제 딸은 대학 시절에 아나운서로 활동했습니다. 그런데 볼펜교정법으로 발음 연습을 하곤 했습니다. 그 방법은 방송인이나 연극인 등 말을 전문적 무기로 삼는 사람들이 보편적 훈련법으로 애용하고 있습니다. 그 방법을 간단히 소개하면 다음과 같습니다.

- 나무젓가락이나 볼펜을 양쪽 어금니로 가로로 뭅니다.
- 그러면 입이 양옆으로 크게 벌어지는 모양이 됩니다.
- 그런 다음, 준비된 책이나 아래의 '어려운 말 연습표'를 또박또박 읽습니다. 발음할 때 입을 크게 벌리면서 말하면 발음을 더 정확하게 할 수 있습니다.
- 하루에 15분씩 3~4개월 정도 연습하십시오. 발음은 물론 지나친 사투리나 억양까지도 교정할 수 있습니다.

정확하게 발음하는 손쉬운 방법이 있습니다. '어려운 말 연습법'입니다. 발음하기가 어려운 문장들을 모아놓고 훈련하는 것입니다. 초등학교 시절에 재미있는 놀이로 해본 경험이 있을 것입니다. 발음의 연결이 부자연스럽거나 받침이 있는 말을 정확하게 발음하는 데 효과가 있습니다.

요령은 이렇습니다. 숨을 크게 들이마시고 정확히 발음하면서 단숨에 읽어 내려갑니다. 읽기 전에 혀 운동(혀를 최대한 쭉 내밀고 아래, 위, 양옆으로 움직이기 등)과 입 운동(입을 모아서 아래, 위, 양옆으로 최대한 부풀리기, 또는 '아 이 우 에 오' 하기 등)을 해서 입안과 그 주위의 근육을 풀어주고 훈련하는 것이 좋습니다.

- 간장공장 공장장은 강 공장장이고 된장공장 공장장은 공 공장장이다.

- 저기 있는 저분이 박 법학박사이시고 여기 있는 이분이 백 법학박사이시다.

- 경찰청 철창살은 외철창살이냐 쌍철창살이냐 쇠철창살이냐 철철창살이냐?

- 중앙청 창살은 쌍창살이고 시청 창살은 외창살이다.

- 저기 있는 말뚝이 말 맬 말뚝이냐 말 못 맬 말뚝이냐?

- 들의 콩깍지는 깐 콩깍지인가 안 깐 콩깍지인가?

  깐 콩깍지면 어떻고 안 깐 콩깍지면 어떠냐?

  깐 콩깍지나 안 깐 콩깍지나 콩깍지는 콩깍지인데.

- 강낭콩 옆 빈 콩깍지는 완두콩 깐 빈 콩깍지이고 완두콩 옆 빈 콩깍지는 강낭콩 깐 빈 콩깍지이다.

- 작년에 온 솥 장수는 헌 솥 장수이고 올해 온 솥 장수는 새 솥 장수이다.

- 내가 그린 구름 그림은 새털구름 그린 그림이고 네가 그린 구름 그림은 뭉게구름 그린 그림이다.

- 내가 그린 기린 그림은 잘 그린 기린 그림이고 네가 그린 기린 그림은 잘못 그린 기린 그림이다.

- 저기 가는 저 상 장수가 새 상 상 장수냐 헌 상 상 장수냐?

- 상표 붙인 큰 깡통은 깐 깡통인가 안 깐 깡통인가?

- 앞집 팥죽은 붉은팥 풋팥죽이고 뒷집 콩죽은 햇콩 단콩 콩죽, 우리 집 깨죽은 검은깨 깨죽인데 사람들은 햇콩 단콩 콩죽 깨죽 죽 먹기를 싫어하더라.

- 안 촉촉한 초콜릿 칩 나라에 살던 안 촉촉한 초콜릿 칩이 촉촉한 초콜릿 칩 나라의 촉촉한 초콜릿 칩을 보고 촉촉한 초콜릿 칩이 되고 싶어서 촉촉한 초콜릿 칩 나라에 갔는데 촉촉한 초콜릿 칩 나라의 문지기가 "넌 촉촉한 초콜릿 칩이 아니고 안 촉촉한 초콜릿 칩이니까 안 촉촉한 초콜릿 칩 나라에서 살아" 라고 해서 안 촉촉한 초콜릿 칩은 촉촉한 초콜릿 칩이 되는 것을 포기하고 안 촉촉한 초콜릿 칩 나라로 돌아갔다.

다음 표는 많이 봤을 것입니다. 이 표를 사용해 발음과 발성을 동시에 훈련할 수 있습니다. 또한 말하기 전에 입을 푸는 연습용으로도 많이 활용됩니다. 훈련 요령은 다음과 같습니다.

- 발음발성 훈련표를 옆으로 읽되 돋움체는 강하게 발음합니다.
- 처음에는 입을 크게 벌리고 한 자 한 자씩 또박또박 명확히 발음합니다.
- 익숙해지면 말의 명확성을 유지하면서 4초 정도에 한 줄을 읽을 정도로 속도를 빨리합니다.
- 하루 5분씩 고성 발성으로 계속 훈련합니다.

이렇게 훈련을 계속하면 발음이 명확해지고 음량이 풍부해집니다. 얼마 전, 발음에 문제가 있는 젊은이가 TV에 출연한 적이 있습니다. 교사가 꿈인데 'ㄹ'이 발음되지 않아 고민이라는 것입니다. '볼펜교정 훈련'은 물론 심지어 설소대 수술까지 받았다고 합니다. 하지만 단어 중간에 오는 낱말 안 초성의 'ㄹ' 발음이 여전히 되지 않는다고 합니다. 오죽하면 교사의 꿈을 접어야겠다고 생각했겠습니까. 그런데 TV에 출연한 고민해결사의 방법이 간단하고도 유용했습니다.

예를 들어 '그리고'에서 중간에 있는 'ㄹ' 발음이 잘 안 되면 '그'와 '리' 사이를 띄어 발음함으로써 'ㄹ'을 어중초성이 아니라 초성으로 발음하라는 것입니다. 효과는 즉각 나타났습니다. 띄어 말하기 때문에 나타나는 어색함은 그 시간을 점점 줄이면 된다는 것입니다. 문제는 자기에게 맞는 적절한 방법을 찾아 꾸준히 실행하는 것입니다.

•발음발성 훈련표•

가	구	거	고	그	기	게	개	갸	교	겨	규
나	누	너	노	느	니	네	내	냐	뇨	녀	뉴
다	두	더	도	드	디	데	대	댜	됴	뎌	듀
라	루	러	로	르	리	레	래	랴	료	려	류
마	무	머	모	므	미	메	매	먀	묘	며	뮤
바	부	버	보	브	비	베	배	뱌	뵤	벼	뷰
사	수	서	소	스	시	세	새	샤	쇼	셔	슈
아	우	어	오	으	이	에	애	야	요	여	유
자	주	저	조	즈	지	제	재	쟈	죠	져	쥬
차	추	처	초	츠	치	체	채	챠	쵸	쳐	츄
카	쿠	커	코	크	키	케	캐	캬	쿄	켜	큐
타	투	터	토	트	티	테	태	탸	툐	텨	튜
파	푸	퍼	포	프	피	페	패	퍄	표	펴	퓨
하	후	허	호	흐	히	헤	해	햐	효	혀	휴

말투와 어조 교정하기

강의에서 문제가 되는 것은 목소리나 발음보다는 말투와 어조(이하 말투로 통일)입니다. 제가 많은 강사를 관찰하면서 알게 된 것이 있습니다. 강사가 강단에 올라서서 입을 열자마자, 즉각 '이 사람은 안 되겠구나!' 싶은 사람이 있다는 것입니다. 그 결정적 판단의 근거는 말투입니다.

그것 참! 글로 표현하기가 어렵습니다. 흉내를 내면 여러분이 금방 알 수 있는데 말입니다. 상상력을 최대한 동원해보세요. 당신이 강의를 들을 때 금방 '필'이 오는 수가 많지 않습니까?

'이 사람이 과연 강의할 수 있을까?'

'뭐, 이래?'

그런 느낌 말입니다. 왜 금방 필이 올까요. 다름 아니라 말투 때문입니다. 예를 들어 개그맨이 강단에 서면 어떻습니까? 말투 자체가 웃기지 않습니까? 너스레를 떨고 능글거리죠? 그 자체만으로 벌써 웃음을 유발합니다. 말투는 그렇게 중요합니다.

개그가 아닌 일반 강의에서 말투에 유의할 것은 세 가지입니다. 첫째는 물 흐르듯 말하라는 것입니다. 둘째는 고저강약, 천천히·빠르게, 진지하게·가볍게 등 변화를 주면서 말하라는 것입니다. 셋째는 품위가 있어야 합니다. 카리스마가 있어야 하며 천박하지 않아야 합니다.

우리나라 사람들은 말을 할 때 한 단어나 한 구절씩 뚝뚝 끊어서 말하는 사람이 뜻밖에 많습니다. 남성은 더 그렇습니다. 영어를 들어보면 음악과 같이 물 흐르듯 유연하게 말이 이어집니다. 그런데 우리나라 말은 끊김이 심한 편입니다.

강사 중에도 그런 식으로 말하는 사람이 많습니다. 군인들의 화법에서 흔히 볼 수 있는 말투입니다. 그런 강사를 대하면 정말 신경이 쓰입니다. 속이 답답해집니다.

“저는/ 지난/ 25년간/ 강원도/ 춘천에서/ 살았으며…….”

이런 식이 되면 안 됩니다. 청중은 당신의 강의를 들으면서 생각이 유현하게 흘러가고 있습니다. 그런데 당신의 말투가 뚝뚝 끊어진다면 흐름이 끊깁니다. 청중은 내심 답답해집니다. 명강사들을 잘 관찰해보세요. 그리고 TV에 출연하는 아마추어들의 강의와 비교해보세요. 프로들의 화술은 물 흐르듯 끊임이 없습니다.

강의를 들어보면 신경 쓰이는 말투가 뜻밖에 많습니다. 그중의 하나가 일정 음률이 단순반복되는 말투입니다. 고저강약, 느리고 빠르게 변화가 있어야 하는데 일정한 틀로 계속 반복되면 정말 짜증 납니다.

글로 설명하기가 매우 어렵습니다. 하지만 예를 들어보겠습니다. 누군가의 말투가 음계로 봤을 때 ‘도미솔도/ 도미솔도/ 도미솔도’ 이렇게 똑같이 반복된다면 사람들은 금방 지루해합니다.

또한 제가 잘 아는 강사는 말끝이 계속 올라갑니다.

"그게 그래서↑ 매우 어려운 상황이 됐는데↑ 난데없이 귀인이 나타나서↑ 일이 잘 해결됐다는↑ 그런 사례입니다."

이런 식입니다. 하여간 신경 쓰이는 말투는 반드시 교정해야 합니다.

신문사설 훈련법으로 종합훈련을 하라

목소리, 발음, 말투에 대한 훈련을 해봤습니다. 위에 소개한 방법만 잘 활용해도 얼마든지 여러분의 목소리, 발음, 말투를 교정할 수 있습니다. 강의는 뉴스를 전달하듯 단 몇 분 만에 승부를 거는 것이 아닙니다. 그러기에 웬만한 목소리, 발음, 말투라면 충분합니다. 그럼에도 탁월한 명강사가 되겠다면 조금 더 다듬을 필요가 있습니다.

이제 종합적으로 훈련하는 방법을 소개합니다. 신문사설을 이용한 방법입니다. 제가 대학생 시절에 착안해 실제로 적용했던 방법입니다. 누가 가르쳐준 것도 아니고 혼자 아이디어를 내서 그렇게 훈련했습니다. 지금 돌이켜보면 참 기특한 실험을 했던 것 같습니다. 그런데 매우 효과적입니다. 그뿐만 아닙니다. 훗날 어떤 화술전문가에게서 신문사설을 이용해 말하기 훈련을 하는 방법이 매우 유용하다는 말을 들었습니다. 깜짝 놀랐습니다. 제 훈련 방식이 이론적으로도 맞아떨어진다는 것을 확인했기 때문입니다.

'그런가 보다'라며 그냥 지나치지 말고 기회 있을 때마다 신문사설 훈련법을 실시해보세요. 훈련법은 다음과 같습니다.

- 내용이 좋은 신문 사설이나 칼럼을 소리 내어 천천히 읽습니다. 이때 강의, 강연 또는 연설하는 것처럼 읽습니다.
- 발음은 명확히 합니다. 목소리도 당신이 교정하려는 방향으로 고쳐 말합니다.
- 말의 강약과 어조의 빠르기에 변화를 주며 말합니다. 아나운서처럼 글을 읽거나 발표하는 식으로 말하는 것이 아니라 상대방을 설득하고 대화한다는 자세로 말해야 합니다.
- 문장 끝의 '있다' '없다' '것이다'를 '있습니다' '없습니다' '것입니다' 등 존칭형으로 바꿔서 실제로 강의나 연설을 하는 것과 같이 말합니다.

지금까지 목소리, 발음, 말투에 대해 훈련했습니다. 실제로 해봐야 합니다. 그런 훈련은 청중이 없는 곳에서 혼자 합니다. 아직도 실행하지 않고 그냥 책을 읽었다면 안 됩니다. 그렇게 해서 명강사가 될 수는 없습니다. 실행이 해결책이요 답입니다.

□□□ 목소리 훈련 결과는 만족합니까?

　　　잘 안 되는 부분, 계속 고쳐야 할 부분은?

　　　_______________________________________

　　　_______________________________________

□□□ 발음 교정은 만족합니까?

　　　잘 안 되는 부분, 계속 고쳐야 할 부분은?

　　　_______________________________________

　　　_______________________________________

□□□ 말투는 어떻습니까. 만족합니까?

　　　잘 안 되는 부분, 계속 고쳐야 할 부분은?

　　　_______________________________________

　　　_______________________________________

2단계 ✓ 체크하기

□□□ 이제 3단계로 넘어갈 준비가 됐습니까?

03

"당신의 강의 스타일에 맞는 강의를 하라.
그것이 명강사가 되는 지름길이다."

2단계에서 다룬 목소리, 발음, 말투에 관해서는 이 훈련과정이 끝날 때까지, 아니 그 이후에도 계속해서 스스로 훈련하기 바랍니다.

이번 단계에서 훈련할 것은 강의 스타일을 다듬는 것입니다. 강사에게 있어서 강의 스타일은 매우 중요합니다. 강의를 잘하지 못하는 사람은 대개 강의 스타일에 문제가 있거나 자기 스타일과 맞지 않는 강의를 하는 경우입니다. 그만큼 '어떤 스타일로 강의하느냐?' '자기의 강의 스타일을 어떻게 만들 것이냐' '자기의 스타일에 맞는 강의를 하느냐?' 하는 것은 명강의 전략과 직결됩니다.

따라서 훌륭한 강의를 하고자 하는 사람이라면 자신의 강의 스타일을 꼼꼼히 분석하고 그것을 고치고 다듬음과 동시에 스타일에 맞춰 강의 전략을 짜야 합니다.

어떤 스타일로 할 것인가

트로트 가수나 국악을 하는 사람이 팝송을 부른다면 어떻게 될까요? 노래를 부르는 가수들을 보면 모두 자기 나름의 스타일을 가지고 있습니다. 창법, 율동, 무대 매너가 다릅니다. 어느 가수가 수십 곡의 다른 노래를 불러도 비슷하게 느껴지는 것은 바로 그 가수의 스타일 때문입니다. 그래서 직업적인 프로 가수라고 하더라도 다른 가수가 부른 노래를 부르면 자연스럽지 못합니다. 어딘가 어색합니다. 노래를 부르는 스타일이 다르기 때문입니다.

마찬가지로 사람마다 강의 스타일이 다릅니다. 포효절규형으로 강의를 하는 사람이 있는가 하면, 조심스러울 정도로 조용하게 강의를 하는 사람도 있습니다. 개그맨 뺨치게 웃기는 이야기를 잘하는 강사도 있습니다. 그런가 하면 목사님 설교하듯 엄숙하고 경건하게 강의를 하는 사람도 있습니다. 그런 강의 스타일 중에서 어떤 스타일이 꼭 좋다고 할 수는 없습니다. 청중의 수준, 청중의 수, 강의 장소의 크기와 상황, 강의 주제와 내용에 따라 강의 스타일의 장단점이 다르게 적용되기 때문입니다.

당신의 강의 스타일은 어떤가

강의 스타일은 타고납니다. 버릇이요 습관이며 개성이라 할 수 있습니다. 제 경험으로 보면 강의 스타일을 고친다는 것은 거의 불가능합니다. 물론 가수가 창법을 바꾸는 것처럼 장기간에 걸쳐 엄청난 노력을 쏟아부으면 어느 정도 교정은 가능하겠지만 말입니다.

저도 여러 번 강의 스타일을 바꾸려고 시도했습니다. 하지만 강단에 올라서면 자연스럽게 타고난 강의 스타일이 나옵니다. 스타일 변화는 그렇게 힘듭니다. 그렇더라도 강의 스타일 자체가 명강의와 거리가 먼 사람이 있습니다. 그런 경우라면 반드시 바꿔야 합니다. 그런데 스타일을 바꾸는 것이 앞에서 말한 대로 '거의 불가능'합니다. 그러므로 약간 다듬는다는 기분으로 첫걸음을 떼는 것이 좋습니다.

변화를 시도하기 전에 일단 당신의 강의 스타일을 체크해봐야 합니다. 당신의 강의 스타일은 어떻습니까? 아래를 보고 □ 속에 체크하세요. 두 가지 이상 해당할 수도 있습니다.

□ 점잖은 대학교수 스타일

□ 말이 빠른 스타일

□ 말이 느린 스타일

□ 끙끙거리며 뜸을 들이는 스타일

□ 열정적 웅변 스타일

□ 장경동 목사, 김용옥 교수 같은 포효절규 스타일

□ 김미경 원장, 김창옥 원장처럼 연기력이 뛰어난 스타일

□ 김삼환 목사처럼 점잖으면서도 스토리텔링과 유머가 있는 스타일

□ 무미건조한 스타일

□ 그 밖의 스타일

• 위에 소개한 특정인이 어떤 사람인지 잘 알지 못할 때는 인터넷에 검색하면 금방 알 수 있습니다.

모델을 정하라

다음은 「깔끔형·웅변형·감성형…목사 설교도 비평한다」라는 신문기사(「중앙일보」, 2004. 8. 22.)의 일부분입니다. 소문난 목사들의 설교를 평가해보면 '웅변형' '깔끔형' '감성형' 등 여러 유형의 스타일로 나뉜다는 것입니다. 일단 기사를 봅시다.

"웅변형 설교의 으뜸은 이동원 분당비전센터 목사와 서울 서빙고동 온누리교회의 하용조 목사. 하 목사의 경우 여신도들에게 설득력이 큰 감성주의가 가미돼 있다고 한다.

교리해설에 열정을 쏟는 기존의 한국형 설교와 차별되는 깔끔형 설교의 대표주자는 '설교의 교본'으로 평가받아온 옥한음 사랑의교회 목사. 목회자 사이에서 '더도 덜도 말고 그만 같아라'는 평을 듣는 옥 목사는 '쿨'한 설교로 신자들의 마음을 끈다.

조용기 목사의 설교는 '단백형'으로 분류된다. 미국의 빌리 그레이엄 목사의 설교처럼 단순하면서도 절제된 편이지만 카리스마를 풍기는 점이 특징이라고 한다.

이 밖에 서민 스타일 설교(김삼환 서울 강동구 명성교회 목사), 신세대형 설교(전병욱 용산구 삼일교회 목사) 등도 거론된다."

기사를 읽고 어떤 생각이 떠오릅니까? 한번 그분들의 설교를 들어보고 싶지 않습니까? 어떤 식으로 설교하기에 저런 평가를 하는지 듣고 싶어야 정상입니다. 관심이 있다면 일요일에 그 교회에 가보면 될 것입니다. 귀찮으면 기독교방송 등을 통해 설교 스타일을 엿볼 수도 있습니다.

제가 아는 강사지망생 중에는 명강사로 소문난 수백 명의 강의를 들은 사람도 있습니다. 명강사들이 강의한다고 할 때마다 현장에 나타나 열심히 메모하며 경청합니다. 그 정도의 열성이 있고 내공이 쌓이면 명강의는 얼마든지 가능합니다. 저는 35년간 강의를 한 사람입니다. 하지만 지금도 틈나는 대로 유명인의 강의를 들으며 스타일을 다듬는 노력을 합니다. 기독교방송을 통해 목사들의 설교를 들으며 설교 스타일을 분석해보기도 합니다. 좋은 점은 본받으려고 노력합니다. 당연히 큰 도움이 됩니다.

목회자 외에도 내로라하는 명강사의 강의를 꼭 들어봐야 합니다. 귀와 눈으로 확인해봐야 합니다. 그들의 스타일이 어떻게 다른지, 그 중에 당신과 비슷하거나 당신이 닮을 수 있겠다고 생각되는 사람이 누구인지 정해야 합니다. '닮고 싶은' 욕심보다는 '닮을 수 있겠다'는 가능성이 더 중요합니다.

신바람 강의로 유명했던 고 황수관 박사, 논어 강좌로 유명한 김용옥 교수, 점잖은 스타일의 이시형 박사와 공병호 박사, 고 구본형 소장, 노련함이 물씬 풍기는 김동길 교수, 엔노르편 이론으로 유명한 이상구 박사, 비교적 늦게 강의에 뛰어들었으면서도 전국을 휘몰아친 김미경 원장과 김창옥 원장의 재미있는 강의는 꼭 들어봐야 합니다. 그 밖에도 당신이 생각하기에 닮고 싶은 사람이 있다면 그 강의도 당연히 포함됩니다.

당신이 진정 명강사가 되기를 소망한다면 반드시 이 과정을 거쳐야 합니다. 명강의는 생각만으로 되지 않습니다. 명강사들의 강의를 들어 보면 그만큼 큰 도움이 될 것입니다. 어떤 스타일을 어떻게 받아들여 당신 고유의 강의 스타일로 만들 것인지 판단이 서게 됩니다.

당신이 닮고 싶은 모델을 선정하고 그 스타일의 특징이 무엇이며 어떻게 해야 그런 강사가 될 수 있는지 탐구하고 연습해야 합니다. 그것이야말로 명강사가 되기 위한 최고의 방법입니다.

"우선 당신의 모델을 정하라. 그리고 따라 하라.
그럼으로써
당신도 그 모델처럼 될 수 있다."

이 강의 스타일을 권한다

제가 여러 사람을 관찰한 결과 여러분께 배우기를 권하는 모델로는 김삼환 목사님을 꼽습니다(저는 TV로 그분의 설교를 수없이 들었지만 그분을 직접 뵌 적은 없습니다). 기독교 관련 TV 방송을 보면 쉽게 그분의 설교를 들을 수 있습니다. 결코 포효절규하지도 과장하지도 품격을 잃지도 않으면서 매우 유연한 화법을 보여줍니다.

종교적 선호를 떠나 명강의를 하겠다는 독자라면 꼭 참고하기를 바랍니다. 그분에게서 일반 설교와 강의가 혼합된 방식을 배울 수 있습니다. 품격 있는 가운데서도 어떻게 청중을 웃길 수 있는지, 진정한 유머가 어떤 것인지도 배울 수 있습니다. 강사가 지녀야 할 자세는 어떠해야 하는지도 배울 수 있습니다. 박장대소, 포복절도하지 않고도 청중을 사로잡는 방법을 배울 수 있습니다.

이 훈련을 하기로 마음먹은 독자라면 아마도 강의 기술이 크게 뛰어나지 않을 것입니다. 그런 독자에게 장경동 목사, 김미경 원장, 김창옥 원장 등의 화려한 스타일을 모델로 삼으라고 할 수는 없습니다. 강의 기술을 배우지 말라는 것과 같습니다.

강의 스타일은 흉내 내기 어렵습니다. 그러므로 배울 수 있고 따라갈 수 있는 모델을 선정하는 것이 요령입니다. 그런 면에서 김삼환 목사님의 강의 스타일을 모델로 삼아보라는 것입니다. 메모지를 펴놓고 설교를 들으면서 순간순간 당신이 배울 수 있는 포인트를 체크해보기 바랍니다. 당신이라면 어떻게 응용할 것인지도 메모하면서 말입니다.

꼭 해보시기 바랍니다(물론 그분 외에 당신이 닮고 싶은 모델이 있다면 그 사람을 선정해도 됩니다).

·모델에게서 배우는 강의 스타일·

☐ 김삼환 목사님(또는 당신이 선정한 모델)의 설교 장면을 꼼꼼히 봤습니까?
그렇다면 그 장면에서 배운 것을 아래에 기록하기 바랍니다.

____

____

☐ 배우고 싶은 또 다른 모델(누구?:   )의 강의를 들었다면
그에게서 배울 것도 꼼꼼히 기록합시다.

____

____

대화 스타일부터 다듬어라

●

강의를 잘하고자 한다면 무엇보다 먼저 자기의 대화 스타일에 주목해야 합니다. 대화 스타일을 다듬는 것에서부터 명강의를 향한 첫걸음이 시작됩니다. 대화 스타일이란 일대일로 말할 때의 화술, 한 사람에게 무엇인가 이야기를 들려줄 때의 화법을 말합니다.

당신은 대화를 나누면서 좌중을 잘 웃기지 못합니까? 강의에서도 청중을 웃길 확률은 거의 없습니다. 대화 스타일이 무미건조하고 지루

합니까? 강의도 그럴 확률이 매우 높습니다. 대화에서 흥미진진하게 말할 수 있는 사람이 강의도 흥미진진하게 합니다. 대화할 때 목소리가 지나치게 큽니까? 강의를 하면서도 목청을 돋워 흥분함으로써 강의를 망칠 가능성이 큽니다. 변화가 없는 목소리와 어조로 대화하는 스타일입니까? 강의에서도 청중의 주의를 집중시키는 데 실패할 가능성이 높습니다.

대화 스타일을 보면 강의 스타일을 점칠 수 있습니다. 그러므로 명강의를 하고자 한다면 평소의 대화 스타일을 먼저 다듬는 노력을 해야 합니다. 때로는 대화에서 별다른 특징을 발견할 수 없었는데 강단에 올라서면 놀랄 만큼 파격적으로 변신하는 사람도 있습니다. 평소와는 달라 보이는 모습으로 명강의를 함으로써 사람들을 깜짝 놀라게하는 것입니다. 그러나 그것은 그 사람의 대화 스타일을 잘못 파악했기 때문에 놀라는 것입니다. 쇼맨십과 연기력을 간과했기에 '변신' 운운하기도 하는 것입니다.

대화 스타일을 잘 관찰하면 그가 어떤 강의를 할 수 있는지 충분히 파악할 수 있습니다. 따라서 당신이 명강의를 하고자 한다면 평소 대화를 통해 말하는 스타일을 다듬는 훈련을 꾸준히 하는 것이 좋습니다. 평소의 대화야말로 명강의를 위한 예비훈련 단계인 것입니다.

"'대화 스타일'이란 일대일로 말할 때의 화술,
한 사람에게 이야기를 들려줄 때의 화법이다."

모방을 통해 스타일을 다듬어라

화술의 대가인 카네기는 이렇게 말했습니다.

"유명한 웅변가의 연설을 흉내 내려고 하는 것은 무의미하다."

과연 그럴까요? 모방은 창조의 밑거름이 됩니다. 강의 스타일도 마찬가지입니다. 아마추어로서 강의 기술에 능숙하지 못하다면 흉내 내는 것에서부터 시작할 수 있습니다. 그 효과는 뜻밖에 큽니다.

어느 목회자에게서 직접 들은 이야기를 하나 해보겠습니다. 교회를 개척한다는 것은 일반인으로서 상상을 초월하는 어려움이 있답니다. 어느 목회자가 교회를 개척하며 겨우 100여 명 정도의 신도를 확보했습니다. 문제는 그 수준에서 좀처럼 신도가 늘지 않는 것이었습니다.

애를 태우던 그 목회자는 자신의 설교에 문제가 있다고 판단했습니다. 그러다가 우리나라에서 가장 잘나간다는 원로 목사가 1~2년 전에 했던 주일설교 동영상을 확보했습니다. 그대로 흉내 내어 설교 연습을 했습니다. 설교하는 스타일은 물론 설교의 내용까지 아예 똑같이 했답니다.

결과는 어땠을까요? 원로 목사가 설교했던 교회와는 장소도 대상도 달랐습니다. 하지만 큰 위력을 발휘했습니다. 불과 1~2년 만에 신도 수가 거의 열 배 가까이 늘어났습니다. 드디어 개척에 성공한 것입니다.

이 사례는 많은 교훈을 줍니다.

첫째, 말하기(설교 또는 강의)의 힘이 얼마나 큰가를 알게 합니다. 둘째, 명강사의 방법은 확실히 아마추어와 차이가 있다는 사실입니다. 셋째, 유명한 사람 흉내 내기가 무의미하다는 카네기의 말이 꼭 그런 것은 아니라는 교훈입니다. 흉내 내는 것을 눈치채지 못할 정도로 '자기 것'으로 만든다면 좋은 작전이 될 수 있습니다.

사실 우리는 알게 모르게 누군가의 화법을 흉내 냅니다. 어쩌면 부모님의 화법을 닮았을 수도 있습니다. 세상에 자기만의 화법은 있을 수 없습니다.

농협중앙회 보험교육원의 사내 교수로 있으면서 세일즈 스킬 리더십의 인기 강사이기도 한 석훈 교수는『유쾌한 공감 진솔한 교감』에서 이렇게 말했습니다.

"나는 유명 강사의 특강이나 세미나 등에 참석하게 되면 강사의 강의 내용은 물론이고 강의 기법이나 복장, 그 사람이 쓰는 말투, 심지어 소품까지 살피고 메모한다. 베끼기 위해서다. 지금까지 이래저래 베껴 써먹은 것이 한두 개뿐이랴. 하늘 아래 새것 없다고 했다. 고백하건대 내 강의 역시 출발점에서의 8할은 베낀 것이다. 아니 솔직히 9할은 될 듯하다."

유명한 강사도 이 정도입니다.

여러 스타일을 융합하라

모델을 정하라고 해서 꼭 한 사람만을 찍으라는 것은 아닙니다. 어떤 한 사람의 강의 스타일이 꼭 최고의 스타일인 것은 물론 아닙니다. 어떤 사람은 유머구사에 적합한 스타일일 수 있고, 어떤 사람은 신뢰를 주는 데 바람직한 스타일일 수 있습니다. 어떤 강사는 지식 전달에 적합한 스타일일 수 있고, 어떤 강사는 감성적 설득에 유효한 스타일일 수 있습니다. 어떤 이는 기업의 간부들에게 유용한 강의 스타일일 수 있고, 어떤 이는 주부들이나 농촌의 노인들에게 잘 먹히는 스타일일 수 있습니다.

그러므로 어떤 한 사람의 유형에 집착할 것이 아닙니다. 많은 명강사의 특장점을 잘 분석해 되도록 모두 다 취하고자 하는 욕심을 갖는 것이 좋습니다. 너무 지나치다고요? 그러나 그 정도로 욕심이 있고 목표가 커야 어느 정도 성과를 올릴 수 있습니다. 명강사들의 특장점을 되도록 많이 받아들임으로써 어떤 강의에도 적응할 수 있는 '전천후 강사' '만능 강사'가 될 수 있습니다. 그래야 명연사를 넘어 명강사가 됩니다.

당신이 만약 쇼맨십이 뛰어난 사람이라면 여러 사람의 강의 스타일을 잘 익혀뒀다가 강의 대상과 상황에 따라 적절한 강의 스타일을 구사해도 됩니다. 또는 여러 사람의 강의 장면을 보면서 당신이 따라 할 수 있겠다고 생각되는 부분을 융합하는 것도 방법입니다. 사실 프로들은 후자의 방법에 능합니다. 농촌의 노인들을 대상으로 강의할 때와 기업의 임원들을 대상으로 강의할 때 스타일을 다르게 합니다. 그래서 '전천후 강사' '만능 강사'입니다.

이처럼 전천후 명강사가 되려면 여러 사람의 강의를 많이 듣고 보는 것이 필수적입니다. 어떤 강사가 어떤 식으로 말하는지, 어떻게 해서 청중을 사로잡는지, 유머는 어떻게 구사하는지, 어떤 방식으로 주의를 집중시키며, 어떤 표정과 몸짓으로 강의 효과를 높이는지, 같은 내용이라도 어떻게 설명함으로써 명강사로서 탁월성을 보여주는지, 그런 것들을 여러 강사를 통해 배우고 익혀야 합니다.

명강의를 자주 보고 듣게 되면 그것만으로도 부지불식간에 강의 능력이 향상됩니다. 더욱이 목표를 갖고 분석적으로 강의를 듣고 수렴한다면 강의 수준과 스타일은 금방 달라집니다.

명강의 명강사는 책을 읽는 것으로 되지 않습니다. 강의에는 '백문이 불여일견'이요 '백독이 불여일문'입니다. 백 가지 글을 접하는 것보다 명강의를 한 번 보는 것이 더 낫고, 책을 백 번 읽는 것보다 명강의를 한 번 듣는 것이 더 효과적이라는 말입니다.

저도 틈나는 대로 다른 사람들의 강의를 많이 접하려 노력하고 있습니다. 그런 기회를 통해 좋은 강의를 할 수 있는 스타일 다듬기가 가능하다는 사실을 확신하게 됐습니다. 그러기에 그 방식을 권하는 것입니다.

"백문百文이 불여일견不如一見이요
백독百讀이 불여일문不如一聞이다."

강남 스타일? 강내 스타일!

강남 스타일? 가수 싸이가 세상을 발칵 뒤집어놓은 노래를 말하는 것이 아닙니다. '강의하는 남의 스타일'이 강남 스타일입니다. 그렇다면 '강내 스타일'이 무엇인지 금방 눈치챘을 겁니다. '강의하는 내 스타일'이 '강내 스타일'입니다.

유명 강사의 흉내도 내보고 여러 스타 강사의 강점을 융복합하라고 앞에서 말했습니다. 그러나 남의 스타일은 어디까지나 남의 스타일입니다. 당신의 스타일이 될 수는 없습니다. 아무리 흉내를 내고 모방을 해도 결국은 당신의 스타일이 있게 마련입니다.

여기서 매우 중요한 조언을 하겠습니다. 어쨌거나 당신의 스타일이 정해지면(어떤 스타일인지 알았으면) 그 스타일에 맞는 강의를 하라는 말입니다. 거꾸로 말하면 당신 스타일에 맞지 않는 강의는 절대 하지 말아야 합니다. 그것이 명강의를 하는 하나의 요령이요 전략입니다.

어떤 기업의 교육담당자가 제게 말했습니다.

"박사님, ○○○ 선생님 잘 아시죠? 그분이 요전에 여기 오셔서 강의했는데 정말 곤욕을 치렀습니다."

이름을 대면 금방 알 수 있는 유명 강사인데 그만 그곳에 강의를 왔다가 낭패를 봤다는 것입니다. 저는 그를 잘 알기에 무슨 말인지 금방 알아챘습니다. 자기 스타일에 전혀 맞지 않게 강의를 한 것입니다.

그는 대학교수 같은 강의 스타일입니다. 조근조근 점잖게 말합니다. 뿐 아니라 피터 드러커 운운하는 학문적 이야기를 즐깁니다. 그런 사람이 50대 이상의 비교적 연로한 분들로 구성된 전통시장 상인들을 상대로 강의를 했답니다. 그랬으니 그 상황이 눈에 선합니다. 그렇잖아도 장사에 손이 달리는데 지방자치단체에서 주관해 실시하는 '의무교육'에 끌려나왔으니 분위기가 오죽했겠습니까.

그 청중은 강의에 관심이 없었을 것입니다. 오히려 언제 강의가 끝나는지에 관심이 많았을 것입니다. 그런 강의 대상에게 김빠지는 대학 강의 스타일로 피터 드러커 운운했을 것입니다. 곤욕을 치를 수밖에 없었을 테지요. 청중은 졸거나 자리를 뜨고 강사는 혼자 말하고……. 아마도 진땀을 흘렸을 것입니다. (대학 강의가 모두 김빠진다는 말은 아닙니다. 일반적으로 점잖은 학자들의 강의 스타일을 상상하기 바랍니다.)

그런 일이 뜻밖에 많습니다. 강의 요청이 들어왔다고 덜컥 욕심을 냈다가 망신을 당한 사람이 많습니다. 실제로는 명강사인데 자신의 스타일에 맞지 않는 청중을 내상으로 상의했다가 망신살이 뻗칩니다. 그래서 강사시장에 "그 사람, 강의 형편없다"는 소문이 납니다. 소문은 확대재생산될 것입니다. 사정을 알 수 없는 사람들은 그 말을 믿을 것입니다. 그 강사는 순식간에 형편없는 강사로 낙인찍힙니다.

"누울 자리 봐가며 발을 뻗어라."

이 속담이 절묘합니다. 누울 자리 봐가며 '누어라'가 아니고 '발을

뻗어라'이기 때문입니다. 편안하게 누울 자리가 되더라도 발 정도만 뻗
는 겁니다. 확실하게 명강의를 할 수 있는 경우라도 조심스럽게 강의
요청에 응하라는 말로 해석해도 될 것입니다. 거꾸로 말하면 함부로
강단에 서지 말라는 경고의 의미도 됩니다.

어떤 상황에서도 명강의를 할 수 있는 전천후 명강사가 되기 전까
지 강의는 '내 스타일'에 맞게 해야 합니다. 그리고 '내 스타일'에 맞는
청중에게 강의해야 합니다. 스타 강사들의 화법을 최대한 배우기는 해
야 합니다. 하지만 궁극적으로는 당신의 스타일에 맞는 청중에게 강
의해야 합니다. 그렇지 않다면 결코 청중 앞에 서서는 안 됩니다. 강

• 내 스타일은 이런 것 •

• 당신의 강의 스타일은 어떻습니까? 또는 어떤 스타일로 하겠습니까?

____

____

• 당신의 강의 스타일에 가장 잘 맞는 청중은 어떤 계층(사람, 직업)입니까?

____

____

• 당신의 강의 스타일에 맞지 않는 청중은 어떤 계층(사람, 직업)입니까?

____

____

☐☐☐ 위의 세 가지를 모두 체크했습니까?

의 요청이 들어왔다고 앞뒤 가리지 않고 욕심을 내다가는 어떤 상황이 벌어질지 모릅니다. A라는 청중에게는 명강의를 한 사람이 B라는 청중에게는 최악의 강사가 될 수도 있는 것이 바로 강의요 강의 스타일입니다. 아이돌 가수가 팔순 노인잔치에서 랩송을 부르는 것과 같습니다.

"전천후 명강사가 되기 전까지는
당신의 스타일에 맞지 않는 청중 앞에 결코 서지 마라."

3단계 ✓ 체크하기

□□□ 이제 4단계로 넘어갈 준비가 됐습니까?

04

"과거 어느 때보다도 편집자가 중요한 세상이 됐다."
— 스티브 잡스

물 흐르는 듯한 능변이지만 강의에 알맹이가 없고 말의 내용이 유치하다면 결코 좋은 강의가 못됩니다. 물론 그런 강의를 하는 사람도 명강사는 아닙니다. 강의의 궁극적 목적은 말재주를 뽐내는 데 있지 않습니다. "아! 저 사람, 말재주가 뛰어나구나!"라는 인상을 청중에게 심어주는 것이 강의의 목적은 아닙니다. 좋은 내용을 제대로 전달하는 것이 강의의 목적입니다. 오히려 능변만을 뽐내고 강의 내용이 부실하게 되면 소위 '약장수' 취급을 받기 쉽습니다. 말만 번지르르하게 하는 저질 강사로 낙인찍힙니다.

불행하게도 많은 사람이 착각합니다. 말을 잘하면 강의를 잘하는 것으로 말입니다. 또한 강의 기술을 배운다면 말재간을 배우는 것으로 착각합니다. 정말로 좋은 강사는 좋은 콘텐츠를 만들 줄 아는 사람입니다.

예를 들어 '친절'에 대해 강의한다고 합시다. 친절은 매우 낡고 평범한 주제입니다. 그러나 누가 강의하느냐에 따라 결과는 하늘과 땅 차이가 납니다. 무엇 때문에 그럴까요? 당연히 콘텐츠의 차이, 내용의 차이 때문입니다.

명강의는 결국 콘텐츠

오늘날의 청중은 강사의 말재간에 현혹돼 본질을 혼동하는 수준 낮은 사람들이 아닙니다. 청중의 안목은 뜻밖에 높습니다. 강의를 직접 해보라고 하면 하지는 못합니다. 그래도 남의 강의가 어떤 수준인지는 정확히 판별합니다. 청중의 직업이나 학력 수준이 어떻든 어떤 강의가 좋은 강의이며 어떤 강사가 명강사인지를 판단하는 수준이 매우 높습니다. 따라서 부질없는 말장난에 놀아날 청중이 아니라는 사실을 명심해야 합니다. 당신의 강의 수준을 섣부른 말재간으로 해결하려 해서는 안 됩니다.

좋은 강의, 훌륭한 강의는 궁극적으로 그 내용이 충실하고 좋아야 합니다. 명강의는 강의 기술과 콘텐츠라는 두 가지 요소로 결정됩니다. 둘 중에 꼭 하나를 선택하라면 저는 콘텐츠를 선택하겠습니다. 이 단계에서는 어떻게 강의 콘텐츠를 만들어내는지 훈련합시다.

명강사는 결국 콘텐츠 크리에이터

"명강의는 결국 콘텐츠"라고 앞에서 말했습니다. 그에 덧붙여 "명강사는 결국 콘텐츠 크리에이터"라고 말하겠습니다. 좋은 콘텐츠를 창조해내는 사람이 결국 명강사라는 말입니다. 좋은 콘텐츠를 창조한다고 해서 말 그대로 없는 것을 만들어내는 것은 아닙니다. 편집 능력이 뛰어난 사람이 콘텐츠 크리에이터요 명강사입니다.

편집 능력? 그렇습니다. 편집의 사전적 의미는 여러 가지 재료를 모아 신문, 잡지, 책 따위를 만드는 일입니다. 쉽게 말해서 '짜깁기'입니다. 편집이든 짜깁기든 그것이 어떻게 '창조'일 수 있느냐고 반문하는 사람이 있을지 모릅니다. 그러나 곰곰이 생각해보세요. 세상에 새로운 것은 없습니다. 새로운 방식으로 편집이 이뤄질 뿐입니다. 새로운 지식도 결국 헌것을 짜깁기해 탄생합니다. 편집으로 창조되는 것입니다.

오늘날 탁월한 지식인이란 많이 알고 있는 사람이 아닙니다. 널려 있는 정보를 새롭게 편집할 수 있는 능력을 갖춘 사람입니다. 마찬가지로 명강사란 좋은 지식을 잘 전달하는 사람이 아닙니다. 널려 있는 지식을 새롭게 편집해 새로운 콘텐츠로 만들어내는 사람입니다.

명강사가 되려면 편집 능력이 뛰어나야 합니다. 남들이 만들어낸 지식을 유창한 언변으로 전달하는 사람이라면 시골 장터의 약장수에 불과합니다. 별것 아닌 지식조차 편집 능력을 통해 새롭고 가치 있는 것으로 재탄생할 때 당신은 콘텐츠 크리에이터로서 명강사라는 명함을 내밀 수 있습니다.

콘텐츠란 무엇인가

콘텐츠는 잘 아는 바와 같이 '내용'을 뜻하는 영어 단어입니다. 그러나 강의에서 콘텐츠는 강의 주제에서부터 강의 제목, 강의 전개 순서, 강의 내용까지 모두 포함하는 개념입니다.

강의하는 사람의 처지에서 보면 두 가지 경우가 있습니다. 하나는 강의 주제와 제목이 이미 정해져 있는 상태에서 강의를 준비하는 경우입니다. 다른 하나는 강의 주제, 제목, 내용 모두를 스스로 정해야 하는 경우입니다.

예를 들어보겠습니다. 전자는 회사로부터 '불황에 대응하는 우리 회사 사원들의 각오'라는 제목으로 강의할 것을 지시받았을 때와 같은 경우입니다. 그런 때는 그 제목에 맞춰 내용을 채우면 됩니다. 후자는 수로 프로 강사늘에게 해당합니다. 당신이 시장(청중)의 동향을 파악하고 그에 맞춰 주제를 고르고 제목을 선정해 내용을 채우는 경우입니다.

아, 참! 주제와 제목이 어떻게 다른지 설명해야겠습니다. 예를 들어 리더십에 관한 강의를 한다면 '리더십'이 주제가 됩니다. 그러나 리더십이라도 '임원의 소통 리더십'이라는 구체적 강의 컨셉을 결정하면 그것이 바로 강의 제목이 됩니다. 물론 주제와 제목이 같은 경우도 많습니다.

콘텐츠를 찾는 법

●

강의 주제나 제목이 이미 결정된 경우라면 콘텐츠를 채우는 일은 비교적 쉽습니다. 그러나 주제와 제목을 선정하는 것부터 시작하려면 뜻밖에 까다롭습니다.

프로 강사의 길을 가려는 사람들이 가장 고민하는 것은 '무엇을 강의해야 하나?'라는 것입니다. 강의시장에서 승부를 걸려면 수요자(청중)가 '혹' 하고 끌리는 주제와 제목을 만들어내야 하기 때문입니다. 간단한 문제가 아닙니다.

그러나 쉽게 콘텐츠를 만드는 방법이 있습니다. 서점에 가보면 됩니다. 웬 서점? 그렇습니다. 강의 콘텐츠를 만드는 방법은 책을 쓰는 것과 정확히 일치하기 때문입니다. 저는 지금까지 40권 정도의 책을 쓰고 35년 정도 강의를 해봤습니다. 확실히 증언할 수 있습니다.

자, 대형서점에 가봅시다. 어마어마한 물량으로 책이 쏟아져나옵니다. 엄청나게 많은 책이 매대에 깔려 있고 서가에 꽂혀 있습니다. 저 많은 책을 누가 쓰나 싶을 것입니다. 제가 처음으로 책을 쓴 1979년에는 직장인으로서 책을 내는 사람이 드물었습니다. 또한 학교나 기업의 연수원에서 업무적으로 강의하는 사람을 제외하면 전문강사도 매우 적었습니다.

지금은 '전 국민 강사 시대, 대중필자 시대'입니다. 그래서 조금 '할 말이 있으면' 누구나 강의를 하려고 하고 너도나도 책을 씁니다. 개그맨도 강의하고 정치인도 강의합니다. 조금 특이한 조건과 경험이 있으면 너도나도 강단에 서고 있습니다.

어느 조사를 보면 대형서점에 하루 평균 300여 종의 책이 입고되고 1년에 10만 권이 넘는 새 책이 쏟아진다고 합니다. 10만 권의 새 책? 쉽게 말해 10만 명 가까운 저자가 있다는 이야기입니다. 어마어마하고 무시무시한 양입니다.

쉽게 말해서 책 한 권을 강의 콘텐츠 하나로 보면 됩니다(물론 책 한 권에서도 여러 개의 강의 콘텐츠를 뽑아낼 수 있습니다). 강의의 메커니즘과 구성은 책과 똑같습니다. 책의 주제가 강의 주제요 책의 제목이 강의 제목입니다. 책의 구성과 내용이 바로 그 강의의 콘텐츠라는 말입니다.

'무슨 강의를 할까? 어떤 내용으로 어떻게 순서를 잡아 강의할까?'

이렇게 머리가 복잡해지고 어렵게 생각됩니까? 그럴 때는 서점에 나기보면 됩니다. 그 많고 많은 것이 모두 강의 주제요 콘텐츠입니다. 어떻습니까? 무궁무진하지 않습니까? 이제 '무엇을 강의해야 하나?'라고 고민할 일은 없습니다. 콘텐츠를 어떻게 해야 할지 전전긍긍할 일도 없습니다. 책을 보면 길이 보입니다.

"강의의 콘텐츠 구성은 책과 똑같다."

주제와 제목 만들기

일단 여기서는 주제와 제목을 통합해서 다루겠습니다. 제목 만드는 법을 중점적으로 다룹니다. 주제는 강의의 영역 또는 테마이므로 별 문제가 없습니다. 제목을 만들면 자연히 해결되니까요.

그럼 제목은 어떻게 만들까요? 은근히 어렵습니다. 하지만 그만큼 재미있습니다. 일단 제목은 '섹시'해야 합니다. 듣는 이의 호기심을 자극할 수 있어야 합니다. 예를 들어, '발상 전환'이라고 하는 것보다 '생각을 바꾸면 길이 보인다'가 훨씬 감성을 자극합니다. 그 강의 제목은 제가 만든 것입니다. 대단히 많은 기업에서 제목으로 강의했습니다.

제가 지은 책 중에 『임원의 조건』이 있습니다. 그 책 덕분에 많은 기업에서 임원들에 대한 교육 요청이 들어왔습니다. 그런데 '임원의 조건'이라는 제목보다는 '글로벌 시대, 임원의 5가지 조건'이라는 표현이 더 좋습니다. 청중의 호기심을 더욱 자극합니다. 강의 제목을 섹시하게 만들라는 말이 어떤 의미인지 이제 알 것입니다.

이제 당신이 강의하는 제목을 다음의 체크리스트에 맞춰 점검해봅시다. 아직 강의 제목이 정해지지 않은 사람은 앞으로 이 체크리스트를 이용하면 됩니다.

□ 먼저 당신의 강의 주제와 제목을 아래에 기록합시다. 이 명강의 명강사 훈련
  을 충실하게 진행하기 위해 이미 실시했던 것보다는 앞으로 개발하고자 하는
  것을 기록하는 것이 좋습니다.

  • 강의 주제: ____

  • 강의 제목: ____

여기에 기록한 강의 제목으로 앞으로 교안을 만들고 강의를 하는
모든 훈련을 하게 됩니다. 그러므로 심사숙고해서 정해야 합니다.

□ 강의 제목이 주제를 잘 나타내고 있습니까?

  - 강의 제목은 일단 주제를 잘 나타내면서 동시에 섹시하게 표현하는 것이 좋
  습니다.

□ 강의 제목이 청중의 관심을 끌 수 있습니까?

  - 강의 제목을 생각할 때는 청중의 입장, 청중의 시선으로 돌아가 과연 그것이
  청중의 관심을 끌기에 적합한지 따져봐야 합니다.

□ 강의 제목이 독창적입니까?

  - 낡은 강의 제목으로 청중의 호기심을 자극할 수는 없습니다. 예를 들어, '리
  더십'이라는 제목이라면 어떻겠습니까. '스티브 잡스에게서 배우는 창의 리더
  십'이라고 하면 훨씬 독창적이고 자극적입니다.

콘텐츠 구성하기

강의 제목이 결정되면 내용을 다듬어 콘텐츠를 완성해야 합니다. 이 것도 책의 목차를 만드는 것과 요령이 같습니다. 책의 목차를 보면 '장' '절' 등으로 구분돼 있습니다. 마찬가지로 강의 제목을 논리 절차에 따라 대주제와 소주제로 나눠서 강의 내용을 구성하게 됩니다. 더욱 상세한 논리전개 절차는 다음 단계에서 배우는 강의안 작성 요령에 따르면 됩니다. 여기서는 일단 어떻게 콘텐츠를 채워나가는지만 다루겠습니다.

원래 타고난 말솜씨가 있는 사람이라면 틀림없이 강사로서 복 받은 사람입니다. 강사로서 타고난 말재주가 있다면 훨씬 편리할 것입니다. 그러나 그런 사람이 주위에 과연 몇 명이나 있을까요. 대다수 사람은 다 그렇고 그런 보통사람의 범주를 벗어나지 못합니다.

강조하거니와 강의에서 중요한 것은 '말재주'가 아닙니다. '말 재료' 입니다. 화제이며 지적 자산입니다. 지적 자산이 뒷받침되지 않은 말재주는 공허한 것입니다. 잔재주에 불과합니다.

천부적 말솜씨에 풍부한 지식까지 겸비하고 있다면 더는 바랄 것이 없습니다. 그러나 아마도 이 책을 대하고 강의 훈련을 받으려 하는 사람 대다수는 스스로 말솜씨가 없다고 여기는 사람일 것입니다. 아니면 정말로 말주변이 없는 사람일 가능성이 높습니다. 그렇다고 이제와서 전문기관에서 화술을 훈련받는다는 것은 말처럼 쉬운 일이 아닙니다. 솔직히 말해서 며칠이나 몇 주간의 훈련으로 과연 얼마나 말솜씨가 늘어나겠습니까?

그러기보다는 이 책 같은 것을 보면서 스스로 꾸준히 말재주를 키우는 노력을 하는 것이 좋습니다. 문제는 절박한 의지입니다. 예를 들어 회사가 이렇게 했다고 해봅시다.

"한 시간 동안 강의하는 것을 보고 승진 여부를 결정하겠다."

그러면 어떤 일이 벌어질까요? 그 절박함 때문에 반드시 명강의를 하게 될 것입니다. 명강사가 되겠다는 절박함이 당신에게 있기를 바랍니다. 그에 덧붙여 말재주를 키우는 것 이상으로 말의 자료, 즉 훌륭한 강의 재료를 구하는 일에 노력을 기울여야 합니다. 콘텐츠에 승부를 걸어보는 것도 한 방법이라는 말입니다.

명강의를 하고 명강사가 된다는 것은 참 묘한 것입니다. 집중적 훈련을 통해 한두 번만 좋은 콘텐츠로 좋은 강의를 하게 되면 그때부터는 강의하는 것에 자신이 생깁니다. 그래서 시간적 여유만 준다면 어떤 강의 주제도 훌륭하게 소화해낼 수 있게 됩니다. 다음을 체크해보고 그다음으로 넘어갑시다.

□□□ 앞에서 정한 강의 제목으로 두 시간 징도 강의할 만한 자료를 갖고 있습니까?

□□□ 그 제목에 담을 독특한 경험(에피소드)을 갖고 있습니까?

• 1차 체크에서 긍정적인 답이 나오지 않는다면 긍정적인 답이 나오도록 노력해야 합니다.

평소에 콘텐츠를 관리하라

강의하기 위해 콘텐츠 구성을 할 때 가장 곤혹스러운 것은 자료의 빈곤과 실력의 부족입니다. 당연합니다. 이야깃거리는 평소에 자료로써 준비돼 있거나 머릿속에 축적돼 있어야 합니다. 그렇지 못하다면 부족함을 느끼는 것은 당연한 일입니다.

강의는 해야겠고 실력과 자료는 없고 시간도 촉박하고……. 그러다 보니 고작 일상사의 신변잡기를 화제로 삼습니다. 자기 혼자만의 억지논리로 콘텐츠를 구성해 강의하는 수가 많습니다. 대개가 그렇습니다. 설령 말솜씨와 쇼맨십에 능수능란해 주어진 시간(그것도 짧은 시간) 동안 청중의 이목을 집중시킬 수 있을지는 모르겠습니다. 그러나 강의가 끝난 후에 아무것도 남는 것이 없습니다. 청중의 감흥을 불러일으키지 못합니다. 결과적으로 실패한 강의가 되고 맙니다.

그렇다면 콘텐츠의 소재는 그렇게 구하기 어려운 것일까요? 아닙니다. 화젯거리는 그야말로 무궁무진하고 강의의 소재는 곳곳에 깔렸습니다. 다만, 평소에 화제를 꾸준히 모으고 강의 소재를 발굴해 정리해놓는 일을 생활화하지 않았을 따름입니다.

좋은 강의를 위한 콘텐츠 구성이 탄탄해지려면 평소에 꾸준히 화제를 수집하고 관리해야 합니다. 그것은 결코 전문강사가 되려는 사람에게만 해당하는 것이 아닙니다. 설령 전문강사가 되려는 생각이 없는 사람이라도 직장인이라면 반드시 버릇을 들여야 할 생활태도입니다.

사람은 언제 어떤 상황에 직면할지 모릅니다. 직장에서 지위가 오를수록 남 앞에 서야 할 일이 많아집니다. 그것이 위기가 될 것인지 기회가 될 것인지는 당신 자신에게 달렸습니다. 세상에 부하 직원에게 "며칠 후 강의할 수 있도록 강의안을 작성해오라"고 지시하는 상사만큼 억지스러운 사람도 없습니다. 그야말로 '준비 안 된 상사'입니다.

평소에 자료를 모으고 관리해야 하는 가장 중요한 이유가 있습니다. 단지 좋은 강의 콘텐츠를 만들기 위해서가 아닙니다. 좋은 강사가 되기 위해서도 아닙니다(물론 프로 강사라면 그런 이유 때문이지만). 꾸준히 화제를 수집하고 관리하면 알게 모르게 '지적 내공'이 쌓이기 때문입니다. 그러면 어떤 경우, 어떤 상황에서도 자기 생각을 남에게 잘 전달할 수 있습니다. '콘텐츠 있는 사람'이 될 수 있습니다. 그럼으로써 인생에 좋은 기회를 스스로 창조하는 '준비된 직장인, 뛰어난 직장인'이 될 수 있습니다.

구하라, 그러면 얻을 것이다

●

제가 『이기려면 뻔뻔하라』를 쓸 때의 일입니다. '뻔뻔함이 경쟁력'이라는 주제로 책을 써야겠는데 뻔뻔함과 관련된 자료를 단 한 상도 가지고 있지 않았습니다. 그러나 결국 6개월 만에 뻔뻔함에 대한 내용을 집대성해 한 권의 책으로 만드는 데 성공했습니다.

처음에는 막막했습니다. 인터넷에 '뻔뻔하다' '뻔뻔함이 경쟁력이다'

를 검색했더니 '낯 두꺼움'이라는 자료가 나왔습니다. 그 키워드를 기본으로 '낯 두꺼움' '두꺼운 얼굴'을 검색했습니다. 그랬더니 놀랍게도 당시 뉴질랜드의 헬렌 클라크 여성 총리가 "두꺼운 얼굴은 21세기 지도자의 조건"이라고 말한 것이 나타났습니다. 그리고 중국의 이종오李宗吾가 낯 두꺼움에 대해 다룬 『후흑학厚黑學』이라는 책이 검색됐습니다. 그다음에는 "낯 두꺼운 사람이 톱 세일즈맨이 됩니다"라고 언급한 일본의 대표적 심리학자 간바 와타루의 책 『누구에게나 단점은 있다』가 눈에 들어왔습니다.

이쯤 되면 '뻔뻔함'을 주제로 콘텐츠를 구성하는 실마리는 충분히 찾은 셈이 됩니다. 그들 자료에서 파생되는 키워드를 바탕으로 계속 검색해나가면 됩니다. 밭에서 고구마 캐듯 줄줄이 자료가 나오게 되니까 말입니다. 그렇게 해서 저는 단 한 장의 자료도 없는 상태에서 거뜬히 책 한 권을 써낼 수 있었습니다.

강의도 이와 똑같습니다. 관리하던 자료나 특이한 화젯거리가 없어 콘텐츠 구성이 막막하다고 포기하면 안 됩니다. 누구나 처음에는 다 막막합니다. 그러나 찾으면 됩니다. 요즘은 콘텐츠를 완성하기 위해 자료를 구하기가 매우 쉬워졌습니다. 인터넷 덕분에 관련서적을 구하기도 쉬워졌고 자료를 구하기도 쉬워졌습니다. 누워서 떡 먹기보다도 쉽습니다.

인터넷에서 자료를 구하는 방법은 간단합니다. 『이기려면 뻔뻔하라』의 경우와 마찬가지입니다. 강의에 담을 내용을 구상하면서 키워드를 입력합니다. 그러면 관련자료가 나옵니다. 그 자료에서 다음 키워드를 찾아 인터넷 바다를 헤엄치면 됩니다. 꼬리에 꼬리를 무는 방식입니다. 그러고 나서 관련도서들을 찾아 꼼꼼히 뒤집니다. 그러면 얼마든지 콘텐츠 구성을 할 수 있습니다. 그 분야에 문외한이라도 얼마든지 전문가의 경지로 쉽게 들어갈 수 있습니다. 인터넷 시대의 장점입니다.

최고의 콘텐츠는 에피소드

대단한 학자가 아닌 한 이론으로 강의에 승부를 걸기는 어렵습니다. 설령 이론적으로 충분한 사람이라도 강의가 이론화되면 흥미는 반감됩니다. 전문적 교육이 아니라면 뭐니 뭐니 해도 청중이 듣고자 하는 것은 재미있는 사례, 감동적인 에피소드, 특이한 이야기들입니다. 그중에서도 강사 자신의 특이한 사례나 에피소드는 가장 좋은 강의 소재이자 콘텐츠입니다. 강사로서도 말하기에 가장 자신 있는 소재가 됩니다. 따라서 강의 준비를 할 때는 자신의 경험담과 에피소드를 최대한 발굴해야 합니다.

"이야깃거리가 없는데 어떻게 하죠?"

그렇게 반문하고 싶을 것입니다. 얼핏 생각하면 이야깃거리가 없는 것 같습니다. 하지만 곰곰이 생각하면 뜻밖에 에피소드가 많음을 알게 됩니다. 에피소드가 없다고 단정하지 말고 깊이깊이 생각해보기 바랍니다.

- 당신의 특이한 경험, 독특한 에피소드를 열 가지만 찾아서 아래에 적어놓읍시다. 그리고 그 에피소드를 어떤 강의 주제에 활용하면 좋을지 오른쪽 괄호 안에 적어봅시다.

  (1)_______________________________________(   )
  (2)_______________________________________(   )
  (3)_______________________________________(   )
  (4)_______________________________________(   )
  (5)_______________________________________(   )
  (6)_______________________________________(   )
  (7)_______________________________________(   )
  (8)_______________________________________(   )
  (9)_______________________________________(   )
  (10)______________________________________(   )

좋은 에피소드는 절실함에서 나온다

좋은 에피소드가 없습니까? 그렇다면 당신은 아직 명강의를 해보겠다는 절실함이 부족한 것입니다. 절실히 생각하면 기억에 숨어 있던 에피소드가 술술 나타납니다. 제 사례가 그랬습니다.

1997년 가을의 어느 날 밤, TV 방송국에서 갑자기 전화가 왔습니다. 그 한 달 전쯤, 방송국 실무자와 한 번 접촉했지만 TV 출연은 물 건너간 것으로 생각하고 있던 터입니다. 그런데 느닷없이 생방송에 출연해 부부싸움에 대해 방송을 하자는 것입니다. 그 이전에 '가정의 행복'에 대해 강의한 적은 있습니다. 하지만 부부싸움에 대해 강의한 적은 없습니다. 그러나 저는 TV 출연이라는 일생일대의 기회를 놓치고 싶지 않았습니다. "그렇게 하겠다"고 승낙했습니다.

상황은 절박했고 저는 절실했습니다. 절박하고 절실하자 머리 회전이 빨라지기 시작했습니다. 절박하고 절실하면 기적 같은 일이 벌어집니다. 그 기적 때문에 저는 전혀 생경했던 부부싸움에 대한 방송강의 원고를 완성할 수 있었습니다. 하룻밤 만에 말입니다.

그 원고를 만들면서 놀란 것이 있습니다. 평소에는 머릿속에 없었는데도 부부싸움과 관련한 지난날의 에피소드가 술술 나오더라는 사실입니다. 수십 년간 아내와 살면서 싸운 일들이 되살아나는 것이었습니다. 이처럼 명강의를 하겠다는 생각이 절실할수록 머리 회전은 빨라집니다. 그야말로 까마득하게 잊고 있던 젖 먹던 시절의 에피소드까지 생각나게 됩니다.

그 TV 강의를 했던 때는 고 황수관 박사님이 '신바람 스튜디오'라는 코너로 대한민국에 TV 강의의 태풍을 일으키던 때입니다. 저는 그 기회를 살려 TV 강의를 하고 싶었습니다. 유명해지고 싶었습니다. 그래서 내친김에 아예 부부관계에 대한 강의 콘텐츠를 집대성해보기로 했습니다.

에피소드를 콘텐츠로 구성하는 법

●

어느 날 밤, 저는 작정을 하고 메모지를 앞에 둔 채 깊은 생각에 잠겼습니다. 몰입했습니다. 그러고는 모든 상상력을 동원해 부부관계에서 일어날 수 있는 상황들을 기록해나갔습니다. 그리고 제 결혼생활에서 상황마다 강의에 활용할 수 있는 에피소드를 모두 기억해냈습니다.

그렇게 새벽까지 '기억'과 싸움을 벌였습니다. 드디어 놀라운 일이 벌어졌습니다. 하룻밤 사이에 저는 부부관계에서 일어날 수 있는 17가지의 상황을 끄집어냈습니다. 각각의 상황마다 강의 콘텐츠로 삼을 수 있는 많은 에피소드를 기억해내는 데 성공한 것입니다.

2~3일 후, 그것에 몇 가지를 더해 21가지를 만들어냈습니다. 그것을 장으로 삼아 장마다 5가지의 소주제를 뽑아 모두 '1·2·3·4·5법'으로 풀이했습니다. 장마다 소주제를 '1·2·3·4·5법'으로 풀이한다는 것이 무슨 말인지 설명하겠습니다.

예를 들어 21개의 장 중 '부부싸움'에 관한 장을 다룬다고 해봅시다. 여기서 부부싸움을 할 때 지켜야 할 5가지 요령을 '1·2·3·4·5'라는 숫자의 음에 맞춰 만드는 것입니다. 즉, 1: 일단 싸워라, 2: 이성을 잃지 마라, 3: 삼갈 말은 삼가라, 4: 사과할 것은 분명히 사과하라, 5: 오래 끌지 마라, 이런 식입니다. 어떻습니까, 아이디어가?

이런 식으로 21가지의 부부관계 주제를 각각 5개의 소주제로 구성하면 모두 105가지의 소주제가 됩니다. 그리고 105가지의 소주제마다 해당하는 에피소드를 깡그리 기억해내 배분했습니다. 그렇게 해서 만들어낸 책이 『잘 싸우는 부부가 성공한다』입니다.

제 예측은 적중했습니다. 책을 쉽게 쓸 수 있었음은 물론이고 부부관계에 대한 TV 강의를 시리즈로 여러 번 할 수 있었습니다. '1·2·3·4·5법'은 강의를 하기에도 매우 유용했습니다. 강의의 요목(소주제)을 암기하기가 쉬워서 순서를 헷갈리지 않고 생방송에 대처하기가 좋았습니다. 한 가지 요목을 말하는 데 10분씩 배분하면 주제마다 50분의 강의를 할 수 있습니다. 그렇게 하니까 방송 시간을 조절하기도 매우 편리했습니다.

그뿐만이 아닙니다. 강의를 들은 사람들이 내용의 핵심을 암기하고 기억하기가 좋아 반응이 폭발적이었습니다. 방송한 후 거리에 나섰더니 한 무리의 아주머니가 제 앞을 지나가다가 저를 알아봅니다. 제 이름은 모르면서도 "어머! 일이삼 선생이시네!" 합니다. 제 앞에서 '1·2·3·4·5'에 맞춰서 강의 요점을 말할 정도였습니다.

이제 아시겠습니까? 당신에게 에피소드가 없는 것이 아닙니다. 절실하고 절박하게 그것을 기억해내려는 시도가 없었을 뿐입니다. 이제 아시겠습니까? 기억해낸 에피소드를 어떻게 구성해 콘텐츠를 만들어 내는지 말입니다.

에피소드를 모으는 법

TV를 보면 여러 사람이 떼거리로 출연해 어떤 주제에 관한 자신의 에피소드를 이야기하는 프로그램이 있습니다. 어느 채널 할 것 없이 가장 많이 방영되는 프로가 아마도 그런 것일 겁니다. 예를 들면 '남자의 바람기'라는 주제로 눈에 익은 연예인, 방송인, 심리학자 심지어 요리전문가와 의사까지 대거 등장해 흥미진진하게 입담을 과시하는 것입니다.

그런 프로를 보면서 느끼는 것이 있습니다. 출연자 모두에게 얽히고 설킨 사연이 무척이나 많다는 점입니다. 눈물겨운 사연에서부터 입이 딱 벌어지는 어이없는 사건사고, 포복절도할 황당한 이야기 등등 말입니다.

그러나 따지고 보면 그들만 그런 것이 아닙니다. 당신도 과거를 잘 돌이켜보면 엄청난 사연, 기막힌 에피소드, 웃기는 일이 많음을 알게 됩니다. 평소에 기억을 되살리지 않았을 뿐입니다. 그러나 명강의 명강사를 꿈꾸는 이제부터는 그런 것들을 의도적으로 되살려내야 합니다. 기억해내야 합니다. 그리고 기록으로 남겨둬야 합니다. 그래야 요긴한 콘텐츠가 됩니다. 에피소드가 최고의 콘텐츠입니다.

당신의 나이가 40세라면 살아오는 동안에 겪어야 했던 에피소드는 무척 많을 것입니다. 직접경험이든 간접경험이든 특이한 것, 놀라운 사실, 어이없는 실패담, 박장대소 웃기는 일 등 남에게 들려줄 이야깃거리라고 판단되는 것은 모두가 좋은 강의 소재가 됩니다. 그런 콘텐츠는 책에서 얻은 것보다 귀한 것입니다. 어떤 책에도 나오지 않는 당신만의 독특한 이야깃거리이기 때문입니다.

지난날의 에피소드는 즉시 기록으로 남겨야 합니다. 강의 준비를 하면서, 출퇴근길이나 출장길에서, 또는 휴식 중에 문득 떠오르는 것들 말입니다. 그런 에피소드는 강의가 임박해 일부러 생각해내려면 잘 떠오르지 않습니다. 따라서 일상생활을 영위하는 과정에서 문득문득 생각나는 '과거'를 바로 메모해둬야 합니다.

□□□ 당신은 지난날의 의미 있는 에피소드, 재미있는 사연, 특이한 경험 등을 기록으로 남기고 있습니까? 깡그리 기억해내 기록해야 합니다. 당신의 에피소드만큼 좋은 강의 콘텐츠는 없습니다.

□□□ 당신의 강의 제목과 관련해 의미 있는 에피소드를 지금부터 깊이깊이 생각해내 아래에 기록하세요. 그것이 바로 강의의 콘텐츠가 됩니다. 그 에피소드가 많을수록 강의안을 만들기가 쉬워집니다.

- ______________________________________
- ______________________________________

콘텐츠를 풍부하게 만들어라

최고의 콘텐츠는 자신의 경험담, 자신의 에피소드입니다. 그러나 한 사람의 경험담과 에피소드는 당연히 한계가 있게 마련입니다. 유별난 사연 없이 매우 평범한 삶을 영위한 사람이라면 더욱 그렇습니다.

그뿐만 아닙니다. 강의 콘텐츠를 개인의 경험담과 에피소드만으로 채울 수는 없는 노릇입니다. 요즘 TV에 자주 등장하는 10~20분 내외의 일회성 강의라면 자신의 이야기만으로 충분할 수 있습니다. 하지만 직업적 프로 강사가 되려면 개인의 이야기를 훌쩍 뛰어넘어야 합니다. 콘텐츠를 풍부하게 해야 합니다. 종횡무진으로 해야 합니다. 그래야 명강의 명강사가 될 수 있습니다.

절대적 독서량을 늘려라

강의 콘텐츠를 풍부하게 하려면 뭐니 뭐니 해도 많이 읽어야 합니다. 책을 읽어야 하고 신문을 읽어야 합니다. 직접경험이든 간접경험이든 경험으로부터 얻게 되는 자료의 양은 적을 수밖에 없습니다. 질적으로도 충분하지 못합니다. 따라서 양적, 질적으로 제한된 벽을 뛰어넘어 폭넓게 좋은 자료를 얻으려면 독서량을 최대한 늘리는 것이 지름길입니다. 전문서적에서부터 문화교양 서적, 그리고 주간지나 신문에 이르기까지 닥치는 대로 읽고 또 읽어야 합니다.

책을 쓴 저자나 기사를 쓴 기자는 한 편의 글을 쓰기 위해 자기가 소장하고 있는 지식과 경험을 송두리째 쏟아붓게 마련입니다. 그러므로 남의 글을 읽는다는 것은 그 저자나 기자가 어렵게 모으고 정성 들여 정리해놓은 알찬 지식과 경험을 고스란히 물려받는다는 의미가 있습니다.

이거 생각해봤습니까? 오늘 배달된 신문을 보면서 그 기사들에 참여한 기자 모두가 당신의 콘텐츠를 채워주는 특파원이라는 생각 말입니다. 다방면의 매우 유능한 조수들이라고 생각해보세요. 신문이 다르게 보입니다.

아, 참! 한 가지 또 생각해볼 것이 있습니다. 어떤 신문이 가장 좋은지 아세요? 정치적 성향은 뒤로하고 강사에게 가장 좋은 신문은 스크랩거리가 많은 신문입니다. 한번 시도해보기 바랍니다. 여러 신문을 1개월만 스크랩해보세요. 금방 신문의 우월이 드러납니다. 어떤 신문이 자료로서 가치가 뛰어난지 말입니다. 저는 그 신문이 어떤 것인지 알지만 말하지 않겠습니다. 직접 찾아보기 바랍니다.

"지난 한 달 동안 몇 권의 책을 읽었는가?
명강의 명강사를 꿈꾼다면 독서는 필수다.
강의 주제 1개를 잡았다면 그에 관한 책 30권 정도는
독파해야 한다. 그래야 콘텐츠가 충실해진다.
그렇게 하고 있는가?"

다양한 매체를 최대한 활용하라

책이나 신문을 통해서도 강의 자료를 많이 구할 수는 있습니다. 하지만 내용을 더욱 다양하게 하려면 다양한 매체를 활용해야 합니다. 청중의 감탄을 자아내는 콘텐츠는 의외의 것에서 발굴한 내용인 경우가 더 많습니다.

책이나 신문에서 얻은 내용은 청중도 알고 있는 것일 수 있습니다. 그러니까 청중이 쉽게 접할 수 없는 내용을 다뤄야 합니다. 그래야 청중의 호기심을 자극하고 감탄을 불러올 수 있습니다.

강의 콘텐츠를 얻을 수 있는 매체와 소스는 무궁무진합니다. 청중이 쉽게 접할 수 없는 매체를 활용하는 것이 요령입니다. TV나 라디오는 물론 인터넷, 영화, 연극, 음악회 등 접할 수 있는 모든 매체와 기회를 통해 많은 자료를 구하는 것이 중요합니다. 심지어 길거리에 붙어 있는 광고 포스터에서도 기막힌 자료를 얻을 수 있습니다. 운전하거나 길을 걷다가 지나치는 풍경에서도 좋은 자료를 얻을 수 있습니다.

명강의를 하기 위해서는 웬만한 사람들이 접할 수 없는 특이한 자료가 많을수록 좋습니다. 그러려면 당연히 보통사람들이 접하기 어려운 특이한 '볼거리'와 '들을거리'를 확보해야 합니다. 그러기 위해서는 어떻게 해야 할까요?

자료 축적에 '미친 이'가 되라

꼭 명강의를 하기 위해서가 아니더라도 무엇인가 많이 읽고 보고 듣고 체험한다는 것은 직장인으로서 매우 중요합니다. 그것은 명강사를 뛰어넘어 유능한 인재가 되는 지름길입니다. 특히 다양한 지적 자산을 갖춘 융복합 통섭형 인재를 강조하는 시대적 상황을 고려하면 더욱 그렇습니다.

그러나 읽고 보고 듣고 체험한 것들이 단지 그것만으로 끝난다면 허사입니다. 단순한 독서행위는 쉬는 시간에 바둑을 두는 것과 같은 지적 소비행위에 불과합니다. 단순히 보고 듣고 체험하는 것은 '경험'과 '추억'의 축적은 될 수 있을지 몰라도 지적 자산의 축적은 되지 못합니다. 남는 것이 별로 없는 경험, 자료화되지 못한 추억은 결국 시간과 돈을 낭비하는 소비행위에 불과합니다.

더구나 강의 콘텐츠는 매우 정교하고 구체적이고 정확해야 합니다. 대충 얼버무리는 식의 지식이 돼서는 안 됩니다. 따라서 당신이 읽고 보고 듣고 체험한 것들은 정교하고 구체적이고 정확하게 기록됨으로써 비로소 자료로서의 가치, 콘텐츠로서의 무게를 갖게 됩니다.

요즘은 정보의 홍수 시대입니다. 엄청나게 쏟아져나오는 정보를 눈과 귀로만 접하고 머리로 기억하기에는 한계가 있습니다. 책 한 권을 열심히 읽고 난 후 며칠만 지나도 주인공의 이름이 알쏭달쏭하게 됩니다. 명승고적지를 둘러봐도 며칠 지나지 않아 시설물의 이름이 잘 떠오르지 않습니다. 감동적인 좋은 영화를 보고도 며칠 지나면 대략적인 스토리만 머리에 남을 정도입니다. 하물며 통계수치나 외국의 지명, 인명 따위는 더더욱 기억해내기 어렵습니다. 그러므로 당신이 읽고 보고 듣고 체험한 것을 남에게 강의로 전달하기 위해 지적 자산화하려면 '기억'에 의존할 것이 아닙니다. 메모와 스크랩을 통한 '기록'에 의지해야 합니다. 그러려면 메모광이 돼야 합니다. 자료 축적에 미친 사람이 돼야 합니다.

□□□ 당신은 책을 많이 읽고 있습니까? 1주일에 1권 이상을 읽어야 합격점입니다.

□□□ 당신은 자료 축적을 위해 독서 이외에 다양한 매체를 활용하고 있습니까?

□□□ 당신은 메모광입니까? 이제부터라도 메모광이 되십시오.

"사진 찍는 것을 버릇 들여라. 조금이라도 특이하다 싶으면
무조건 셔터를 눌러라. 화상 자료를 많이 확보하는 것은
명강의 명강사가 되기 위한 지름길이다."

콘텐츠를 만들 때 유의할 점

콘텐츠의 생명은 가치성과 정확성에 있습니다. 물론 유머라든가 에피소드 같은 것은 가치나 정확성보다는 재미, 흥미, 교훈 같은 메시지가 더 중요할 수 있습니다. 그러나 그런 것들은 강의 내용을 보충하

는 역할을 하는 것입니다. 그 자체가 강의의 주된 콘텐츠는 아닙니다.

강의 콘텐츠는 청중이 호기심을 가질 정도로 가치 있는 것이어야 합니다. 동시에 정확해야 합니다. 낡은 스토리, 잘못된 통계, 심지어 거꾸로 해석된 이야기라면 강의 콘텐츠라고 할 수도 없습니다. 따라서 강의 콘텐츠를 만들 때는 얼마나 청중의 관심을 끌 수 있는 내용인가와 정확성 여부를 꼭 검증해봐야 합니다.

더불어 책을 읽고 인터넷을 뒤지다 보면 그럴듯하고 쓸모 있다고 생각되는 자료 중에 사실은 가치가 크게 떨어지고 오류가 있는 것이 많습니다. 오래전에 나온 이야기가 마치 최근에 나온 것처럼 돌아다닙니다. 인명, 연대가 틀립니다. 에피소드나 사례의 상당 부분이 사실과 다른 예도 있습니다.

심지어 정반대 이야기도 나옵니다. 자료들이 여러 사람의 손을 거치면서 자꾸 각색되고 이야기가 보태지거나 생략됨으로써 일어나는 현상입니다. 따라서 강의 콘텐츠를 만들 때는 자료를 모으는 것 못지않게 확인 절차도 중요합니다. 경우에 따라서는 틀린 부분을 찾아내 언급해주는 것만으로도 강의의 수준이 올라갑니다. 그것만으로도 명강사의 이미지를 줄 수 있습니다.

자, 짧은 강의를 예로 들어봅시다. 단상에서 강사가 이렇게 말하고 있습니다. 분위기를 상상하면서 잘 들어보기 바랍니다.

"여러분, 우리는 변화해야 합니다. 환골탈태해야 합니다. 잘 아시는 것처럼 새 중에서 가장 오래 사는 새가 독수리입니다. 70년까지 살 수 있다고 합니다. 그러나 70년을 그냥 사는 것이 아녜요. 40세 정도 이르면 고비를 맞습니다. 오랜 세월 탓에 발톱이 안으로 굽어 먹이를 잡기가 어려워지고 부리도 휘어 구부러지기 때문입니다. 날개도 약해지고 무거워집니다. 깃털은 두꺼워져 가볍게 날기가 어려워집니다.

결정해야 합니다. 이대로 살 것인가 바꿀 것인가. 그대로 산다면 얼마 살지 못할 게 뻔합니다. 그래서 환골탈태를 결정합니다. 산꼭대기에 올라가서 절벽 끝에 둥지를 틀고 150일 동안이나 전혀 날지 않고 머뭅니다. 부리가 없어질 때까지 바위에 부딪고 비벼대면서 새로운 부리가 날 때까지 기다립니다. 그렇게 해서 부리가 새로 나면 이번에는 헌 발톱을 하나씩 뽑아냅니다. 새로운 발톱이 자라나면 이번에는 낡은 깃털을 뽑아냅니다.

그렇게 5개월이 지나면 독수리는 새로운 생명을 얻습니다. 나머지 30년을 더 비행할 수 있습니다. 우리도 마찬가지입니다. 개인이든 조직이든 뼈를 깎는 아픔을 견디며 환골탈태해야 합니다. 그래야 앞으로 생존과 발전을 기대할 수 있습니다."

어떻습니까? 이런 내용의 강의를 들어본 적이 있습니까? 아니면 글로 읽은 적이 있을지 모르겠습니다. 그럴듯합니까? 자, 이제부터 분석에 들어갑니다. 이런 강의는 매우 그럴듯하게 들립니다. 참 좋은 교훈과 메시지를 주는 것 같습니다. 그러나 이런 콘텐츠는 몇 가지 결정적 문제점이 있습니다.

첫째는 너무 낡았다는 것입니다. 이런 콘텐츠는 세상 물정을 잘 모르는 청중에게나 통합니다. 웬만한 직장인에게 이런 내용을 말한다면 대다수 청중이 이미 알고 있습니다. 큰 맹점입니다.

웬만한 사람은 다 알고 있는 이야기를 길게 말하면 어떻게 됩니까? 청중은 생각할 것입니다. '그걸 뭐 새삼스럽게 말하는가'라고. 청중에게 뻔한 이야기를 한다면 명강의 콘텐츠로는 불합격입니다. 그 이야기는 이미 한물간 것입니다. 그런 콘텐츠를 강사만 신기한 듯 말한다면 그 수준을 의심받게 됩니다. 강사 중에 그런 사람이 뜻밖에 많습니다. 남들은 다 아는 내용인데 자기만 새로운 이야기입니다. 그런 콘텐츠는 적절한 것이 아닙니다. 명강의가 되기는 더욱 틀렸습니다.

두 번째 문제는 사실과 다르다는 것입니다. 청중 중에 유별난 사람이 있다면 자칫 항의를 받을 수 있습니다. 낡은 스토리를 길게 말한 것도 문제이지만 더 심각한 것은 사실이 아니기 때문입니다. 이 스토리는 어느 신문사에서 펴낸 책에서 비롯한 것으로 알려졌습니다(정광호 지음, 『우화경영』, 매일경제신문사, 2005년 4월). 그런데 그 책에서는 독수리가 아니라 솔개입니다. 솔개가 이 사람 저 사람으로 옮겨 다니다가 언제부터인가 독수리로 변했습니다. 그러니까 어떤 청중이 강사에게 "강사님, 그건 독수리가 아니라 솔개입니다"라고 정정해주는 순간 강사의 입장이 난감해집니다.

그뿐이 아닙니다. 솔개냐 독수리냐는 그렇다 치더라도 더 심각한 것이 있습니다. 이야기 자체가 허구라는 것입니다. 말 그대로 누군가가 만들어낸 우화라는 사실입니다. 조류학자, 동물생태학자, 수의사들은 모두 솔개(독수리도 마찬가지)의 부리가 재생돼 나온다는 것이 있을 수 없는 일이라고 합니다. 발톱은 다쳤을 때 다시 나올 수 있습니다. 하지만 새가 부리를 다치면 생명을 유지하는 것 자체가 힘들어집니다. 이런 속사정을 아는 청중이 강사에게 증거를 내밀며 질문하거나 항의한다면 어떻게 되겠습니까?

강사로서 이 사례에서 얻는 교훈이 있습니다. 첫째는 콘텐츠를 구성할 때 이미 공지된 이야기를 길게 늘어뜨리지 말아야 합니다. 둘째는 정확한 사실에 따라야 합니다. 인터넷이나 책에서 읽은 것이라면 이중 삼중의 검증을 거쳐 분명한 사실을 콘텐츠로 삼아야 합니다. 명심하시기 바랍니다.

"강의 콘텐츠로 확보된 자료는
가치성과 정확성을 검증해야 한다."

콘텐츠 확보를 위한 명강사의 근성

이제 좋은 강의를 위한 콘텐츠 만들기에 자신이 있습니까? 그런데 문제는 콘텐츠의 중요성을 깊이 깨닫고 어떻게 콘텐츠를 구성하는지 그 요령을 아는 것이 아닙니다. 얼마나 많은 콘텐츠를 실제로 확보하느냐가 중요합니다.

콘텐츠의 중요성을 누가 모릅니까. 그럼에도 막상 직장인 중에 강의 콘텐츠를 확보한 사람은 많지 않습니다. 평소에 이야깃거리를 지속해서 수집하고 체계적으로 관리하고 있는 사람은 뜻밖에 적습니다. 그러다 보니 내공이 쌓이지 않습니다. 그럼으로써 강의라면 겁을 내게 됩니다. 악순환이 되는 것입니다.

콘텐츠를 확보하는 것은 그냥 되는 것이 아닙니다. 손과 발이 부지런해야 합니다. 눈은 콘텐츠 찾기에 혈안이 돼야 합니다. 머리는 콘텐츠를 어떻게 가공해야 할지 줄기차게 궁리해야 합니다. 그것이 명강의를 하기 위한 명강사의 자세요 근성입니다.

우선 목표가 분명해야 한다

목표가 뚜렷하면 콘텐츠를 모으는 것은 시간 문제입니다. 그냥 막연하게 콘텐츠를 확보한다는 것은 말이 안 됩니다. 왜, 무엇을 위해 콘텐츠를 만들어야 하는지 목표를 분명히 하기 바랍니다.

항상 만반의 준비태세를 갖춰라

유용한 자료, 정보, 아이디어는 언제 어디서 맞닥뜨리게 될지 모릅니다. 그러므로 어떤 상황에서든 즉각적으로 메모하고 스크랩할 수 있도록 만반의 준비태세를 갖춰야 합니다. 정신적 준비는 물론이고 수첩, 필기구, 카메라 등을 항상 휴대함으로써 아까운 찬스와 자료를 놓치지 않도록 해야 합니다. 프로 강사로 유명한 김 아무개 씨는 연극이나 영화를 볼 때도 메모지를 챙겨간다고 합니다.

무한한 호기심과 예민한 관찰력이 핵심이다

좋은 콘텐츠를 확보하려면 무엇이든 예사로 넘기지 않는 강렬한 호기심, 탐구력, 예리한 관찰력이 있어야 합니다.

습관화, 체질화해야 한다

이런 말이 있습니다.

"메모와 스크랩 습관을 갖는 것은 하버드 대학을 졸업한 것보다 더 유용하다."

메모하고 스크랩하는 것을 습관화하고 체질화해야 합니다. 언제 어디서든 때와 장소를 가리지 않고 바로 메모하고 자료를 발굴하는 습관을 들여야 합니다.

"명강의? 문제는 콘텐츠다.
말재간으로 할 수 있는 강의에는 분명히 한계가 있다.
정말로 명강사가 되고 싶으면 콘텐츠에 승부하라."

4단계 √ 체크하기

□□□ 이제 5단계로 넘어갈 준비가 됐습니까?

5단계: 강의 계획 수립과 강의안 만들기

"일단 강의안을 잘 작성하라. 강의안으로 명강의의 성패가 좌우된다."

콘텐츠가 준비됐으면 이제 강의안을 작성하게 됩니다. 물론 강의안을 작성하면서도 끊임없이 콘텐츠는 보강되고 다듬어집니다. 일반 스피치에 있어서 연설 원고가 중요하듯이 강의에는 강의안이 중요합니다. 연극의 대본처럼 강의는 강의안이라는 이름의 시나리오가 완벽해야 합니다. 강의안의 중요성이 특히 강조되는 것은 일반 스피치와 다르기 때문입니다.

스피치는 자기가 하고 싶은 말만 하고 맙니다. 시간도 상대적으로 짧습니다. 그래서 때로는 원고도 필요 없는 즉석 스피치를 할 수 있습니다. 그러나 강의는 중간에 질문을 할 수도 받을 수도 있습니다. 시간적으로도 깁니다. 그뿐만 아니라 칠판이나 파워포인트 등 여러 가지 보조도구를 사용하기도 합니다. 따라서 명강의를 하려면 강의 계획이 완벽하게 짜인 강의안이 필수입니다.

물론 강의안이 있다고 해서 강의를 할 때 꼭 그대로 되지는 않습니다. 이 점에서도 스피치와 다릅니다. 스피치는 대개 원고대로 실행합니다. 하지만 강의는 상황을 예의주시하며 임기응변에 강해야 합니다. 융통성이 필요합니다. 강의를 하다가 상황이 바뀌면 샛길로 빠질 수도 있습니다. 그럼에도 일단은 강의 계획을 잘 세우고 그에 따라 좋은 강의안을 만들어야 합니다. 이번 단계에서는 어떻게 강의 계획을 수립하고 어떻게 좋은 강의안을 만드는지 훈련합니다.

강의 계획 짜기

강의안을 만들기 전에 일단 어떻게 강의할 것인지 계획을 세우게 됩니다. 마치 건물을 지을 때 설계를 잘해야 하는 것과 같습니다. 설계가 얼마큼 잘 됐느냐에 따라 건물의 수준이 결정됩니다. 강의도 사전 계획의 완벽성 여부에 따라 그 성패가 좌우됩니다. 흔히 강의를 잘한다고 하면 말솜씨에 중점을 두는 경향이 있습니다. 그러나 명강의는 언변 이상으로 중요한 것이 있습니다. 내용의 충실함입니다. 극단적으로 말해보겠습니다. 내용만 좋다면 어느 정도 눌변이라도 충분히 명강의 명강사가 가능합니다.

강의 기법을 논할 때 사람들은 흔히 말재주 훈련에 비중을 두는 경향이 있습니다. 그러나 저는 강의 내용의 중요성을 강조합니다. 언변에 중점을 두게 되면 타고난 말재주가 없는 사람은 자칫 포기할 수 있습니다. 언변은 타고나는 경우가 대부분이고 그것을 고치는 것은 간단한 일이 아니기 때문입니다. 말솜씨를 고치는 것이 얼마나 어려운가는 금방 알 수 있습니다. 당신이 지금 구사하고 있는 그 언변이 알게 모르게 평생 훈련된 결과라는 것을 생각해보세요. 평생 훈련했는데 그 정도란 말입니다.

또한 언변보다 내용을 강조하는 이유가 있습니다. 요즘의 청중은 예전과 다릅니다. 내용 없이 언변만 화려하면 점수를 주지 않습니다.

얼마 전, 잘 아는 강사가 강의를 했습니다. 화려한 언변으로 강의실을 사로잡았습니다. 많이 웃겼습니다. 청중이 배꼽을 잡을 정도로 웃겼습니다. 그는 매우 흡족한 마음으로 돌아갔습니다. 강의가 성공적이었다고 판단했을 것입니다. 그런데 그 기업의 교육담당자로부터 제가 직접 들은 평가는 전혀 그렇지 않습니다. 교육생들의 일반적 평가가 어땠는지 아십니까?

"뭐야? 내용은 아무것도 없고 웃기고만 갔잖아. 정말 웃기는 사람이군."

그렇습니다. 웃기는 사람이 돼서는 안 됩니다. 내용이 없으면 안 됩니다. 화려한 언변도 내용이 뒷받침될 때 가치가 있습니다. 따라서 좋은 내용으로 강의를 하기 위해서는 강의 설계를 잘하고 강의안을 잘 만들어야 합니다. '재주가 없어서 강의를 못합니다'라고 생각하는 사람일수록 강의 설계와 강의안에 승부를 걸어야 합니다.

강의 계획과 육하원칙

명강의를 위해 좋은 강의안을 만들려면 그 이전에 할 일이 있습니다. 강의 설계, 즉 청중에게 어떤 내용을 어떻게 전달할 것인가 하는 구상(계획)이 주도면밀하게 이뤄져야 합니다. 머릿속에 일정한 기준과 원칙을 설정해놓고 계획을 수립하는 것이 좋습니다.

그 기준과 원칙으로써 제시하고 싶은 것이 일부 변형된 '육하원칙'입니다. 변형된 육하원칙이란 일반적 육하원칙(①누가 ②언제 ③어디서 ④무엇을 ⑤어떻게 ⑥왜)의 항목과 순서를 약간 수정해 강의 계획에 고려해야 할 요소로 재구성한 것입니다. '①누가 ②누구에게 ③무엇을 ④왜 ⑤어떻게 ⑥어디서'가 바로 그것입니다.

누가: 당신은 강의할 자격이 있는가

가장 먼저 고려해야 할 것이 '누가 강의할 것이냐'입니다. 물론 강의는 당신이 합니다. 여기서 말하고자 하는 '누가'란 강사가 강의할 자격이 있는지 따져보는 것입니다. 청중이 경험하지 못한 특이한 경험이나 정보를 가시고 있다면 상의 계획은 신경을 덜 써도 됩니다. 예를 들어봅시다. 남극 탐험 경험이 있는 사람이 '도전'이나 '극기'에 대해 강의를 할 수 있습니다. 전직 대통령이 청와대의 비화를 강의할 수도 있습니다. 그런 경험이 있는 사람과 없는 사람은 강의 계획이 달라집니다. 말할 것도 없습니다.

누구에게: 청중이 어떤 수준인지 아는가

강의 계획을 세울 때 강의를 들을 사람이 누구냐도 중요합니다. '지피지기면 백전불태'라는 말은 강의에서도 마찬가지입니다. 청중을 알아야 성공적인 강의가 가능하기 때문입니다. 따라서 청중의 성별, 나이, 학력 수준을 고려해야 합니다. 또한 직업, 직장의 특수한 전통, 문화, 환경 등도 고려해야 합니다.

학생에게 강의하는 경우와 성인에게 강의하는 경우가 다릅니다. 청장년층에게 강의하는 경우와 노년층에게 강의하는 경우가 다릅니다. 같은 기업에서 같은 내용의 강의를 하더라도 마찬가지입니다. 대상이 임원급이냐 신규직원이냐에 따라 달라집니다. 식자층의 전문직 여성들에게 강의하는 경우와 전업주부 '아줌마'들에게 강의하는 경우가 다릅니다. 남성들에게 강의하는 경우와 여성들에게 강의하는 경우가 또 다릅니다.

그뿐만이 아닙니다. 자발적으로 강의에 참여한 청중이냐 타의로 동원된 청중이냐에 따라서도 강의 계획이 달라집니다. 그것도 사전에 알아둬야 합니다. 또한 예전에 같은 주제로 강의를 들려준 적이 있는 청중이냐 처음 대하는 청중이냐도 큰 변수가 됩니다.

이처럼 누구에게 강의하는 것인지에 따라 유머구사가 달라지고 내용이 달라지며 보조도구가 달라집니다. 따라서 강의 계획을 수립할 때는 강의 대상이 누구인지 그 특성을 확실히 분석해야 합니다.

무엇을: 강의의 주제와 목적을 아는가

강사가 청중에게 무엇을 전달하고자 하는지 강의의 주제와 목적을 명확히 인식하고 계획을 수립해야 합니다. 이는 항해하는 배의 나침반과 같은 것입니다. 말하고자 하는 주제와 목적에 대한 인식이 분명해야 합니다. 그렇지 않으면 결국 강의안이 비논리적으로 돼 갈팡질팡하게 됩니다. 수강자의 기대를 벗어남으로써 소기의 효과를 얻기 어렵게 됩니다. 따라서 뒤에서 언급할 '왜'라는 항목과 잘 연결해 강의 계획을 수립해야 합니다. 왜 그 강의를 하게 됐는지, 왜 그런 강의 주제가 설정됐는지, 왜 청중이 그 강의를 들어야 하는지, 청중이 듣고 싶어하거나 갈증을 느끼는 점이 어떤 것인지, 강사로서 꼭 전달해야 하는 메시지가 무엇인지 등이 그것입니다.

왜: 주최 측이 왜 그 강의를 시행하는지 아는가

강의 계획을 세울 때 고려해야 할 것 중 '왜 그 강의를 해야 하는지'를 바르게 인식하는 것은 매우 중요합니다. 강의에서 '왜'란 다음과 같습니다.

첫째, 그 강의를 주최하는 측에서 왜 그런 강의 주제를 선택했는지 하는 이유와 사정입니다. 둘째, 청중으로서 왜 그 강의를 들어야 하는지의 문제입니다.

강의하는 사람이 강의를 주최한 곳의 의도를 잘못 파악하면 강의 효과가 없습니다. 심하면 강의 전체를 망가뜨려 심각한 문제를 일으킬 수 있습니다. 실제로 그런 사례가 적지 않습니다. 예를 하나 들어볼까요? 강의 주최 측은 직원들이 어려운 회사 사정을 고려해 조금 양보하고 열심히 일해주기를 바랍니다. 그래서 유명 강사를 초빙했습니다. 그런데 강사가 강의 중에 "노동조합에 가입해 자기 권리를 찾는 깨어 있는 직장인이 되라"고 크게 말하는 것입니다. 교육담당자가 곤욕을 치른 것은 두말할 필요도 없습니다. 그 강사가 어떤 평가를 받을 것인지는 뻔합니다.

강의를 들어야 하는 청중의 욕구를 잘 인식하지 못하는 경우도 있습니다. 강의 내용이 겉도는 것입니다. 명강의가 될 가능성은 거의 없습니다. 명강사로 소문난 사람들의 공통점은 청중의 욕구, 목마름, 가려운 곳을 기막히게 잘 찍어낸다는 점입니다. 강사가 하고 싶은 말을 소신껏 말하는 것도 중요합니다. 그러나 더 중요한 것이 있습니다. 왜 그 강의를 해야 하느냐 하는 분명한 목적을 아는 것입니다.

어떻게: 당신 특유의 파격적이고 다양한 도구가 있는가

어떤 방식으로 강의할 것인지도 강의 설계를 할 때 고려해야 합니다. 예를 들어봅시다. 요즘에는 파워포인트를 사용해 강의하는 경우가 많습니다. 그런데 그런 보조도구를 활용해 강의할 것인지 육성으로만 할 것인지에 따라 강의안 작성에 차이가 납니다. 강의 계획도 달라집니다.

또한 강의 형태를 연설식으로 할 것인지 토론을 겸한 방법으로 할 것인지에 따라서도 달라집니다. 일방 커뮤니케이션 방식인지 쌍방 커뮤니케이션 방식인지에 따라서도 달라집니다. 질문, 판서 계획, 몸동작을 가미한 실습 계획 등이 있느냐 없느냐에 따라서도 달라집니다.

앞으로 IT 기술의 획기적인 발달에 따라 강의 도구도 파격적이고 다양해질 것입니다. 그런 최신 도구들을 잘 활용해 청중의 감탄을 자아내야 합니다. 그러려면 어떻게 강의해야 할 것인지, 명강사가 되려는 사람이라면 깊이 연구해야 합니다.

어디서: 환경이 강의 효과에 미치는 영향을 고려하는가

강의 장소가 어떤 곳이냐에 따라 강의 계획이 달라집니다. 야외인가 실내인가, 청중의 수가 많은가 적은가, 날씨와 기온은 어떤가 하는 것들입니다. 또 하루 중 언제 강의하는가도 중요합니다. 아침이나 점심 직후나 늦은 밤이냐에 따라 강의 분위기는 전혀 달라질 수 있습니다. 그렇기에 강의 설계도 달라집니다. 청중의 자리 배치, 마이크의 성능, 칠판, 기타 시청각 기재의 여부 등도 고려해야 합니다. 이처럼 강의 환경에 따라 강의 계획은 영향을 받습니다.

만약 야외에서 많은 수의 청중을 대상으로 강의해야 한다면 청중의 주의 집중이 어렵습니다. 강의 계획 수립에 그런 요소를 고려해야 합니다. 반대로 20명 내외의 적은 청중을 대상으로 잘 꾸며진 강의장에서 강의를 하게 된다면 점잖은 강의로도 충분히 강의 효과를 볼 수 있습니다.

특히 마이크 등 음향시설은 강의 효과를 크게 좌우합니다. 가능하다면 음향시설의 수준을 미리 파악해 강의 계획 수립에 참고하는 것이 좋습니다. 뒤에 '강의 환경을 조작하라' 부분에서 상세히 다루겠습니다. 일단 강의 환경이 강의 효과에 미치는 영향을 깊이 인식하십시오. 강의 계획 수립에 최대한 활용해야 합니다.

다른 강의와 중복되는 부분이 있는가

이상에서 설명한 여섯 가지 원칙은 강의 계획을 세울 때 반드시 점검하고 고려해야 합니다. 그 밖에도 강의 시간이 긴가 짧은가 고려해야 합니다. 다른 강의와 중복 또는 대치되는지도 고려해야 합니다.

예를 들어, 학교의 교과과정처럼 장기간에 걸쳐 진행되는 강의와 1~2회에 걸쳐 3~4시간 정도로 끝나는 강의는 강의 계획이 전혀 달라집니다. 장기간의 강의는 전체적으로 좋은 강의인가 아닌가를 평가받습니다. 하지만 짧은 시간에 이뤄지는 강의는 실수를 만회할 기회가 없습니다. 더욱 신경 써서 완벽한 강의 설계를 해야 합니다.

또한 당신의 강의 전후에 다른 사람의 강의가 있는지도 따져봐야 합니다. 만약 다른 강의가 있다면 누가 어떤 주제로 하는지 알아야 합니다. 가능하다면 강의 내용도 알아둘 필요가 있습니다. 그래야 흐름이 상통하는 강의 계획을 수립할 수 있습니다. 중복된 내용을 피할 수 있을 것입니다.

강의계획서를 만드는 요령

앞에서 강의 계획을 수립할 때 고려해야 할 사항을 육하원칙을 중심으로 알아봤습니다. 이처럼 강의 계획을 수립함에 있어서 고려해야 할 사항을 체크한 후에 실제로 강의 계획을 수립하게 됩니다. 어떤 내용을 어떤 순서로 말할 것인지 대략 얼개를 만드는 것입니다. 그것이 바로 '강의계획서 작성'입니다. 성공적으로 강의를 하는 데 필수입니다.

강의계획서는 강사에 따라 그 작성 방법이 다릅니다. 대다수 강사는 강의계획서 작성 과정을 생략하고 곧바로 강의안 작성에 돌입합니다. 그러나 숙달된 프로 강사가 아닌 사람이 정말로 명강의를 하고자 한다면 강의계획서를 작성해보는 것이 여러모로 도움이 됩니다. 저는 지금껏 수많은 강의를 한 프로강사입니다. 그럼에도 중요한 강의, 새롭게 개발한 주제로 하는 첫 강의 때는 정성껏 강의계획서를 작성합니다.

강의계획서 작성은 백지(저는 컴퓨터)에 서론(도입), 본론(전개), 결론(종결) 등 논리전개 순서에 따라 강의 구상을 기록해 만드는 경우가 대부분입니다. 그러나 형식에 너무 제한받을 필요는 없습니다. 강사의 판단과 필요에 따라 백지(컴퓨터라면 화면)를 가로로 2~5란으로 나눕니다. 왼편에서 오른편으로 전개 순서, 대주제, 소주제, 내용, 비고 등의 칸을 만듭니다. 그에 따라 강의 계획을 작성하면 됩니다.

강의계획서라고 하면 거창하게 생각될지 모릅니다. 하지만 그런 것은 아닙니다. 극히 상식적인 것입니다. 다음 설명을 읽어보면 쉽게 이해할 수 있을 것입니다.

백지식 강의 계획을 세울 때는 주제를 어떻게 풀어갈 것인지 머릿속에 상상하면서 강의 구상을 구체적인 계획서로 만듭니다. 주로 서론(도입), 본론(전개), 결론(종결) 등 논리전개의 순서에 따라 나누고 항목마다 강의할 내용을 열거해봅니다.

- 말하고자 하는 항목을 정해 열거합니다.
- 그 항목들을 관련이 있는 것끼리 묶습니다.
- 묶은 것은 적당한 제목을 달아 논점으로 삼습니다. 이것이 강의의 큰 주제를 이루는 소주제(중심 사상 - 강의의 중심을 뒷받침하는 논점)가 됩니다.
- 소주제마다 그것을 뒷받침할 수 있는 화제를 배열합니다.

이것을 '항목열거법'이라고 합니다.

이렇게 백지에 화제를 배열합니다. 앞에서 살펴본 '육하원칙'에 따라 다시 점검하면서 배열을 바꾸거나 수정하고 배열한 화제를 취사선택하면 됩니다.

5란식 강의 계획

전개 순서	대주제	소주제	내용	비고
도입				
파트 1				
파트 2				
파트 3				
마무리				

백지식 강의 계획은 말 그대로 아무런 구분이 없는 백지에 논리전 개의 순서에 따라 자유롭게 강의 구상을 하는 것입니다. 반면에 2~5란식 강의 계획은 전개 순서, 대주제, 소주제, 내용, 비고 등의 칸을 만들어 계획을 짜는 것입니다. 조금 더 짜임새가 있다고 할 수 있습니다. 어느 쪽이 더 나은 방법이라고 할 수는 없습니다. 저는 백지식을 선호합니다. 특별한 이유가 있는 것은 아닙니다. 일종의 취향일 뿐입니다.

기본 계획이 수립되면 다음과 같이 조정 단계를 거칩니다.

- 강의계획서에 강의할 모든 내용을 다 기록하는 것은 아닙니다. 일종의 강의 얼개를 만드는 것입니다. 소주제를 설명하는 구체적 내용을 생략하고 강의안 작성에 참고해야 할 자료명이나 도서명 따위를 기재합니다.
- 어느 정도 계획서가 작성되면 머릿속으로 강의 진행을 상상해봅니다. 논리전개 순서나 내용이 적절한지 점검해봅니다. 변경해야 할 것이나 추가할 내용이 있다면 수정보완합니다.
- 그다음에는 청중의 주의를 집중시킬 요소, 즉 사례, 유머, 화젯거리, 특수한 경험이나 정보 등이 특정한 소주제에 집중되지 않도록 적절히 분산, 배분합니다. 그렇게 함으로써 각각의 소주제가 모두 충실하게 되도록 조정합니다.
- 이렇게 계획서가 완성되면 그 계획서에 기록된 자료, 도서, 사례 등을 찾아 내용을 구체화함으로써 강의안이 되는 것입니다.

강의안 만들기

강의계획서를 만들었으니 이제부터는 강의안 작성에 들어갑니다. 강의안은 별것 아닙니다. 강의계획서를 정밀하게 구체화한 것이 강의안입니다. 강의 계획에 따라 적절한 강의 자료를 연결하고 배분해서 탁월한 강의안을 만드는 것이 바로 명강의를 위한 순서입니다.

"판사는 판결문으로 말한다"는 이야기가 있습니다. 마찬가지로 강사는 강의안으로 강의하고 강의안으로 말합니다. 물론 평소에 다루지도 않던 생경한 주제를 메모 쪽지 한 장만 가지고도 즉석에서 두어 시간에 걸쳐 훌륭하게 강의하는 사람도 있기는 합니다. 그러나 그런 천부적 언변, 비상한 기억력, 순발력 있는 두뇌를 소유한 사람이 과연 몇 사람이나 되겠습니까? 강의를 못하는 사람들일수록 그런 사람의 사례를 들먹입니다. "나는 안 돼!"라고 포기합니다. 타고난 재주가 있으면 편리하기는 합니다. 하지만 좋은 강의안과 노력으로 충분히 보충할 수 있습니다.

강의에 자신이 없는 사람일수록 강의안을 잘 만들어야 합니다. 그러면 명강의를 할 수 있습니다. 이치가 그렇습니다. 그런데도 강의를 못하는 사람일수록 강의안을 제대로 만들지 않습니다. 주위를 둘러보세요. 꼭 그렇습니다. 재주도 없고 노력도 하지 않습니다. 강의를 못할 수밖에요. 좋은 강의안을 만드는 데 심혈을 기울여보세요. 강의안을 만드는 과정 자체가 실제로 강의 훈련을 쌓는 결과를 낳습니다. 그러니까 강의안을 여러 번 만들수록 강의의 질이 높아집니다. 그만큼 훈련을 더 쌓는 셈이 되기 때문입니다.

이제부터는 재주를 탓할 것이 아니라 어떻게 해서 좀 더 훌륭한 강의안을 만들 것인가에 더 많은 관심과 노력을 기울여야 합니다. 심혈을 기울여야 합니다. 명강의를 할 수 있는 가장 확실한 길입니다. 노력한 만큼 보상을 받는 것이 강의입니다.

"재주가 없는 사람이 강의안마저 제대로 만들지 않으면
실패는 불을 보듯 뻔하다."

왜 강의안이 중요한가

명설교만을 뽑아 게재하는 「베스트 서몬」에 수록된 설교들은 평균 20분짜리입니다. 목사들은 그것을 위해 평균 20시간을 준비한다고 합니다. 또한 세계적 광고회사 오길비앤드마더Ogilvy & Mather의 명예회장 잭 엘리엇은 디너 스피치 하나를 위해 28시간을 썼다고 합니다. 강의나 스피치할 능력이 부족해서가 아닙니다. 그만큼 노력과 정성을 쏟아야 명설교, 명연설이 가능해집니다.

제가 만나본 목회자도 주일의 30분 설교를 위해 3~4일 이상 원고를 준비한다고 했습니다. 반평생을 설교로 갈고 닦은 목사임에도 강의안을 준비하는 데 많은 시간과 노력을 투입한다는 말입니다.

명강의를 하려면 먼저 명강의안을 만들어야 합니다. 그 밖에도 강의안을 정성 들여 작성해야 하는 목적과 이유는 여럿 있습니다.

- 강의는 예술입니다. 그것도 종합예술입니다. 또한 연기이며 연극입니다. 시나리오 없는 연기, 연극은 성공하기 어렵습니다. 마찬가지로 강의안 없는 강의는 실패할 확률이 그만큼 높습니다. 강사는 강의안에 따라 연기하는 것입니다.
- 강의는 일반 학교 교육과 달리 정해진 시간에 승부를 겁니다. 한정된 시간에 불필요한 낭비를 줄이고 가장 알찬 내용을 청중에게 전달해야 합니다. 그러려면 충실한 강의안이 필요합니다.
- 대다수 강사가 파워포인트를 사용해 강의합니다. 강의안은 파워포인트 등의 시청각 자료를 만드는 데 기본이 됩니다.
- 강의한다는 것, 즉 말을 한다는 것은 언제나 실수, 실언의 위험을 내포합니다. 강의를 잘한다는 사람들도 강의를 끝낸 후에 '괜한 소리를 했구나!' 하고 후회하는 경우가 많습니다. 잘못된 말 한마디가 강의 전체에 악영향을 미칩니다. 심지어 신상에까지 좋지 않은 일을 당하는 예도 없지 않습니다. 쓸데없는 소리나 탈선을 방지하기 위해서도 강의안은 꼭 있어야 합니다.

- 강의안을 보지 않고도 강의를 잘할 수 있을 만큼 내용을 완벽하게 소화하고 있더라도 짧은 즉석 스피치가 아니라면 강의안이 있어야 합니다. 강의안이 있는 것과 없는 것은 강의의 질에 있어서 큰 차이를 가져옵니다.

- 심혈을 기울여 강의안을 만드는 과정 자체가 강사의 실력을 높여주는 효과를 낳습니다. 강의안을 작성하기 위해 자료를 찾고 내용을 논리적으로 구성하는 과정을 통해 강사의 지적 수준이 한 단계 높아지기 때문입니다.

- 강의안을 만드는 것은 청중이 없는 상태에서 혼자서 강의를 한 번 해보는 것과 같은 효과가 있습니다. 강의안을 작성하고 수정하는 과정을 거듭할수록 그만큼 '가상 강의'를 한 것과 같습니다. 강의 능력이 쑥쑥 향상됩니다.

- 강의하면서 몸의 상태나 상황에 따라 때때로 강의 내용을 중간에 잊어버릴 수도 있습니다. 강의의 흐름이 순조롭지 못하고 논리적으로 횡설수설하게 될 수도 있습니다. 그런 실수를 방지하기 위해서도 강의안을 준비해야 합니다.

- 한 번 강의를 한 적이 있는 청중에게 또다시 강의할 기회가 왔을 때 지난번의 강의안이 있으면 중요한 참고 자료가 됩니다. 중복 강의를 피할 수 있습니다.

- 전기나 컴퓨터 장비가 예기치 않게 고장 나는 경우가 있습니다. 그러면 파워포인트 등 화상 자료를 사용할 수 없습니다. 강의안이 있으면 당황하지 않고 강의를 진행할 수 있습니다.

- 강의안은 역사적 기록으로서 가치를 갖게 됩니다. 언제, 어디서, 누구에게, 어떤 내용으로 강의했는지 전부 담겨 있습니다. 사후 관리를 위한 자료로써도 유용하게 활용됩니다.

- 강의안은 강의를 끝낸 후에 피드백의 근거가 됩니다. 강의안에는 없지만 실제 강의에서 언급한 것, 순서를 바꾸거나 새로운 논리 전개로 수정보완한 것, 기타 참고할 것들을 잘 기록해둡니다. 그렇게 하면 다음번 강의안의 자료로 활용할 수 있습니다. 그만큼 강의력이 향상됩니다.

- 강사로서 나중에 책을 발간할 수도 있습니다. 강의안은 원고 작성의 중요한 기초 자료가 됩니다.

어떻습니까? 강의안의 필요성과 중요성이 이렇게 많은 줄 몰랐지요? 강의안은 단순한 강의 원고가 아닙니다. 강의 성패의 핵심입니다.

강의안의 논리 구성법

강의의 논리전개는 서론, 본론, 결론의 3단계 구성법, 도입, 제시, 적용, 평가 및 사후지도의 4단계법(앨런C. R. Allen의 논리 구성법), 그리고 미국의 먼로Alan H. Monroe 교수가 창안한 5단계법 등이 있습니다. 강의안의 논리도 그에 맞춰 구성합니다. 형식에 구애받지 말고 강의계획서를 참고해 당신이 적절하다고 생각하는 방식으로 하면 됩니다.

여기에서는 3단계법과 5단계법만을 소개하기로 하겠습니다.

3단계 구성법

3단계법은 가장 일반적인 방법입니다. 하지만 너무 추상적이고 포괄적이며 광범위합니다. 장시간에 걸친 강의일 경우 엉성한 구성이 되기 쉽습니다. 따라서 비교적 짧은 시간의 강의에 적당한 방법입니다.

❖ 서론(도입 단계)

서론은 강사와 청중 간에 공통된 기반을 조성하는 단계입니다. 청중의 주의력을 포착하고 유지하는 동시에 청중으로 하여금 '이 강의는 들어볼 만하겠구나!' 하는 기대와 동기를 부여합니다. 그렇게 함으로써 강의 분위기를 잡을 수 있어야 합니다.

강사 소개, 강의 목적과 필요성 또는 중요성, 본론에서 다룰 내용에 대한 암시 또는 대략적인 소개가 이 단계에서 이뤄집니다. 즉, 서론은 주의 집중 단계, 동기 부여 단계, 강의 개요 단계로 교안을 작성하면 됩니다.

서론은 전체 강의 시간의 10~15퍼센트 정도를 할애할 수 있는 분량으로 강의안을 만듭니다.

❖ 본론(전개 단계)

강사가 강의 기법을 총동원함으로써 청중의 호응을 얻어 강의 목적을 달성해야 하는 핵심 단계입니다. 강의 시간 내내 내용을 논리적으로 구사하고 흥미를 유발해야 합니다. 일방적 의사전달이 아니라 양면적 의사전달이 이뤄지도록 강의안을 작성합니다.

'양면적 의사전달'이란 강사와 청중 간의 대화(질의응답)를 뜻하는 것이 아닙니다. 강사는 자기 의견을 열심히 전달하고 청중은 자발적으로 귀를 기울이는 '강사 청중 일치' 분위기를 말하는 것입니다. 그러기 위해서는 강의안에 흥미 유발 요소를 많이 가미시켜야 합니다. 본론의 시간 배분은 전체 내용의 75~80퍼센트 정도입니다. 본론에서 논리를 전개할 때 유의해야 할 원칙은 다음과 같습니다.

- 잘 아는 내용에서 잘 모르는 내용의 순으로 전개합니다.
- 쉬운 것에서부터 시작해 어려운 것으로 전개합니다.
- 구체적인 것에서 추상적인 것으로 전개합니다.
- 특수한 사실로부터 일반적인 원리로 전개합니다.
- 과거의 사례로부터 미래의 것으로 전개합니다.
- 주위의 사례로부터 멀리 떨어진 곳의 사례로 전개합니다.
- 단순한 것에서 복잡한 것으로 전개합니다.
- 청중의 수준에 맞춰 흥미있게 전개합니다.
- 부차적인 것을 강조해 중점을 흐려서는 안 됩니다.
- 논리저이고 체계쩍으로 전개합니다.

❖ 결론(종결 단계)

종결 단계에서는 강의의 전체 내용 중 중점을 요약, 재인식시켜 강의 효과를 극대화합니다. 학교식 강의에서는 종결 단계는 일종의 끝맺음에 불과합니다. 그러나 강연식 강의에서는 종결 단계가 오히려 강의의 클라이맥스를 이루는 경우가 많습니다. 그 점을 유념해 강의안을 만듭니다.

끝이 좋아야 모든 것이 좋습니다. 처음에 강의를 잘한 사람도 끝에 마무리가 싱겁게 끝나면 강의 전체의 인상이 싱거워집니다. 끝을 멋지게 장식함으로써 도입과 전개 과정에서 미흡한 점을 보충하는 것도 강의 기술의 하나입니다. 그러나 대개 종결 단계에서는 요약, 재동기부여, 결언으로 끝맺습니다.

종결 단계의 시간 배분은 5~10퍼센트 정도가 되도록 합니다.

5단계 구성법

장시간에 걸친 강연식 강의, 우리가 흔히 말하는 '특강'이라는 이름의 100분 내외의 강의, 강연을 할 때 이 방식이 좋습니다. 일명 '먼로 구성법'이라는 5단계 구성법은 인간의 자연스러운 사고과정을 고려해 동기요인의 순서로 설득하는 방법에 따라 강의안을 만드는 것입니다. 3단계 구성법을 좀 더 세분화한 것으로 보면 됩니다.

앞에서 살펴본 3단계 구성법의 유의사항을 그대로 지키는 가운데 다음 사항을 고려해 강의안을 만듭니다.

❖ 1단계: 주의 환기

주의를 끄는 도입 단계입니다. 듣는 사람에게 흥미를 불러일으켜야 합니다. 다음과 같은 사항을 염두에 두도록 합시다.

- 대담하고 기발한 표현
- 유머나 위트
- 놀라운 사실(뉴스)
- 청중의 반응을 위한 질문
- 개인적인 경험담이나 사건
- 참고품, 증거물 등 실물 이용

❖ 2단계: 필요 제시

필요성을 보이는 단계입니다. 강의에 흥미를 갖기 시작한 청중에게 강의의 핵심을 선언하는 단계입니다.

- 주제에 대한 목적 윤곽을 제시
- 문제에 대한 흥미 유발 요소를 제시
- 청중이 인정하는 사실이나 사건을 공개

❖ 3단계: 필요 만족

강의의 필요를 만족하게 하는 단계입니다. 중요하고 필요한 문제를 해결하기 위해서 어떻게 하면 좋은가를 생각하며 강의안을 작성합니다.

- 중심적 의견을 표현
- 논지의 중심인 본론을 전개
- 주제를 이해시키는 사건, 인물을 제시
- 원인 결과를 설명

❖ 4단계: 구체화

구체화 단계입니다. 문제 해결 방법을 좀 더 구체적으로 제시하는 단계입니다.

- 이유와 증거 제시
- 사실, 통계, 조사, 보고
- 위인이나 전문가의 말 인용
- 극적이고도 감동적인 예화
- 확실한 사건, 사실을 제시

❖ 5단계: 행동 유도

행동 촉구 단계입니다. 듣는 사람들에게 결의를 유도할 수 있도록 강의안을 구성합니다.

- 간추린 주제를 재확인
- 청중의 양심에 대한 호소
- 주제에 따르는 결의 표명

•논리의 구성법•

① 주의 환기 단계 …… 흥미, 주의 집중attention step ┐
② 필요 제시 단계 …… 문제 제시need step ┘ → 서론(도입)
③ 필요 만족 단계 …… 해결책 제시satisfaction step ┐
④ 구체화 단계 …… 결과 강조, 증명visualization step ┘ → 본론(전개)
⑤ 행동 유도 단계 …… 결심 촉구action step → 결론(종결)

강의안 작성 절차

지금까지 강의안의 중요성과 논리전개 방법 등을 알아봤습니다. 이렇게 이론적인 것을 비교적 상세히 다룬 이유가 있습니다. 초보자를 고려했기 때문입니다. 처음에 제대로 배워야 명강의 명강사가 됩니다. 이제부터 본격적으로 실제적인 강의안 작성 절차를 안내합니다.

강의계획서를 강의안 작성의 기본으로 한다

강의안은 당연히 강의계획서를 기초로 작성합니다. 이미 작성된 강의계획서는 강의안의 기본 골격과 논리전개의 기초 자료로 그 효과를 발휘하게 됩니다. 강의계획서를 펼쳐놓고 실제로 강의를 하는 기분으로 어떻게 강의를 전개해나갈 것인지 상상해봅시다. 그러면서 강의계획서의 골격에 따라 설명을 덧붙이고 내용을 구체화합니다.

강의할 내용을 취사선택한다

강사에게 주어진 강의 시간이 어느 정도나에 따라 강의계획서에 기재된 내용을 더욱 보충하거나 과감히 버립니다. 강의계획서를 만들 때는 강의 주제에 관련된 사항과 자료를 빠짐없이 기록합니다. 그러므로 강의 시간과 비교해볼 때 강의계획서의 내용이 훨씬 더 많은 것이 보통입니다. 따라서 강의계획서에 기재된 내용 중에서 어느 것을 선택해 살을 붙일 것인지 결정해야 합니다. 계획서 작성 시에는 빠졌더라도 실제 강의안을 만들면서 추가해야 할 사항이 떠오를지도 모릅니다. 당연히 보완하도록 합니다.

강의 초안을 만든다

위와 같이 강의계획서에서 취사선택된 내용을 가지고 논리의 전개 순서에 따라 머릿속으로 강의를 해봅니다. 그러면서 강의의 골격을 백지에 작성해봅니다. 강의안의 초안이라고 합니다(이하 '강의 초안'이라고 함).

강의 초안은 단숨에 만든다

장기간에 걸쳐 진행되는 학교식 강의라면 단번에 강의안을 만들기는 어렵습니다. 그러나 짧은 시간(보통 두 시간 내외)에 행하는 강의일 때는 강의 초안을 단숨에 만드는 것이 좋습니다. 도중에 쉬면서 며칠에 걸쳐 조금씩 조금씩 만드는 것이 아닙니다. 인사말에서부터 결론에 이르기까지 단번에 작성합니다. 그래야 논리에 일관성이 있게 됩니다.

특히 사람의 머리는 한 번 논리전개의 실마리가 잡히면 계속 꼬리를 물고 술술 풀리게 됩니다. 평소에 생각지도 않았던 좋은 이야깃거리가 튀어나옵니다. 그러므로 강의안 작성에 들어가면 일단 단숨에 초안을 만듭니다.

강의 초안을 다듬는다

강의 초안을 단숨에 만들라고 해서 순식간에 해치우라는 의미가 아닙니다. 강의 초안을 만들 때 중간에 쉬지 말라는 말입니다. 흐름이 끊어질 우려가 있습니다. 논리의 일관성과 발상의 연결성을 위해 단숨에 만들어야 합니다. 그 이후 내용을 자세히 재검토하며 다듬고 또 다듬는 과정을 거쳐야 합니다.

- 강의 주제가 강의의 목적과 맞는지 검토합니다.
- 논리전개에 무리가 없는지, 강의안 작성의 원칙에 맞는지를 검토합니다.
- 강의 시간에 설명할 각 항목의 비중이 적절히 배분돼 있는지, 어느 한 부분에만 치우쳐 있지는 않은지 검토합니다.
- 강조할 것이 무엇이며 클라이맥스, 예화 배분, 유머 구성 등이 적절한지 검토합니다.
- 수강자의 수준에 비해 너무 저질인 내용은 아닌지, 난해한 설명은 아닌지 검토합니다.
- 질문해야 할 부분, 토의를 진행해야 할 부분, 메모해야 할 부분, 실습을 필요로 하는 내용이 있는지 검토합니다.
- 강의 초안의 분량이 제한된 강의 시간과 일치하는지는 강의를 해보지 않고서는 알 수가 없습니다. 그러므로 강의 시간이 부족할 때 생략할 부분과 반대로 시간이 남을 때 추가할 부분을 검토합니다.

정식으로 강의안을 작성한다

강의 초안의 내용이 적절한지 검토하고 다듬고 나면 이제 정식으로 강의안을 만듭니다. 그러나 강사가 자신 있는 분야의 강의이거나 강의를 여러 번 반복해 내용을 완전히 숙지하고 있을 때는 정식 강의안을 만들지 않아도 됩니다. 강의 초안만 가지고 강의를 해도 됩니다.

강의안 작성은 강의 내용, 강의 시간, 강의 방법, 강사의 취향 등 여러 가지 여건을 고려하면서 작성합니다. 강사 자신에게 가장 편리하다고 생각되는 양식을 정하고 그에 맞춰 강의안을 작성하면 됩니다. 그러면서도 머릿속에서는 실제 강의를 하는 것처럼 연상하면서 작성합니다.

정식 강의안을 만드는 과정에서도 좋은 생각이 떠오르게 됩니다. 그러므로 상당한 수정이 가해집니다. 소설, 수필 등을 써본 사람은 잘 알고 있듯이 원고는 옮겨 쓸 때마다 내용이 바람직한 방향으로 수정되는 경향이 있습니다. 강의안도 마찬가지입니다.

강의안은 수정과 재작성 횟수가 많을수록 내용이 더욱더 충실하게 됩니다. 그뿐만 아닙니다. 강의안 재작성 과정을 통해 마음속으로 여러 번 강의 실습을 해보는 것과 같은 효과가 있습니다. 그래서 강의도 그만큼 잘됩니다.

강의안은 이처럼 여러 차례의 수정 단계를 거치고 재작성해 완성하는 것입니다. 그래서 1시간의 강의를 위해서 4~5일의 준비가 필요한 것입니다.

쉽게 사용할 수 있게 정리한다

그런데 그렇게 만든 강의안이 실제 사용할 때 불편할 수가 있습니다. 강의 현장에 강의안을 올려놓을 탁자가 없을 수도 있습니다. 강의 상황이 A4용지 크기의 강의안을 보면서 강의하기에 부적절할 수도 있습니다. 강의안을 잘 작성했더라도 강단에서 쉽게 활용할 수 없다면 무용지물입니다. 따라서 강의안은 강사가 사용하기 쉽게 정리해야 합니다. 종이의 지질, 크기, 편철 방법 등을 정하고 색, 부호, 기호 등을 사용해보세요. 중요한 부분이 강단에 선 강사의 눈에 쉽게 들어오도록 정리하는 것이 중요합니다. 때로는 카드 형태로 요점만 발췌해 사용할 수도 있습니다. 때로는 강의안의 핵심을 파워포인트로 만들어 활용할 수도 있습니다.

"강의계획서든 강의 초안이든 또는 강의안이든
너무 형식에 얽매여서는 안 된다.
여기서는 책의 성격상 형식이나 절차를 세밀히 말하고 있다.
하지만 중요한 것은 '융통성'이다.
당신이 가장 편리하다고 생각하는 방식으로 하면 된다.
당신이 사용할 것이니까."

이런 강의안이 아니면 강단에 서지 마라

누차 강조합니다. 탁월한 강의를 하고 싶다면 탁월한 강의안을 만들어야 합니다. 명강의안이 있어야 명강의를 할 수 있습니다. 위에서 강의안 만드는 법에 대해 알아봤습니다. 그런데 문제는 만드는 법이 아니라 강의안의 내용입니다. 결론부터 말하겠습니다. 이제부터 설명할 강의안이 아니면 절대로 강단에 서지 말아야 합니다.

강의안을 만들었다면 이제부터 설명할 사항과 반드시 비교해서 스스로 평가해보기 바랍니다. 합격점이 아니라면 당신의 강의는 좋은 강의가 될 가능성이 별로 없다고 판단해야 합니다. 대충대충 해서 명강의를 할 생각은 아예 하지 말아야 합니다. 강의안이 대충 만들어진 것인지 아닌지는 아래 설명한 항목들과 냉정하게 비교해보면 알 수 있습니다.

지금까지 당신이 강의를 제대로 하지 못했다면 엉성하게 만들어진 강의안 때문입니다. 강의안이 엉성하니 강의도 당연히 엉성해졌을 것입니다. 강의안을 다음 항목들과 깐깐하게 비교해보십시오. 부족한 점이 있다면 철저히 보완하십시오. 합격점의 강의안을 만들어야 합니다. 그런 다음에 강단에 서야 합니다.

세밀한 강의안인가

강의안을 체크하는 데 가장 먼저 강조하고 싶은 것이 있습니다. 상세하고 구체적인 강의안인가 하는 점입니다. 선천적으로 언변을 타고난 사람이 짧은 즉흥연설을 하고자 할 때는 시나리오가 없어도 가능합니다. 그러나 보통능력을 갖춘 사람이 명강의를 하고자 욕심을 부린다면 아주 세세하고 치밀한 강의안을 준비하지 않으면 안 됩니다.

강의 내용 중에 때, 장소, 사람 이름, 사건 정황 등은 상세하게 강의안에 기록해 둬야 합니다. 뿐만 아니라 질문, 판서, 그림 보여주기, 동영상 보여주기, 함께 율동하기, 제스처 계획 등 연극 시나리오에 버금갈 정도로 구체적인 계획을 담아야 합니다. 당연히 강의안의 볼륨이 커질 수밖에 없습니다.

그렇게 구체적이고 상세한 강의안을 요구하는 이유가 있습니다. 첫째, 당신은 아직 프로 명강사가 아니기 때문입니다. 둘째, 구체적이고 완벽한 교안을 만드는 습관을 길러야 하기 때문입니다. 그래야 세월이 지날수록 점점 더 수준 높은 강의가 될 수 있습니다. 나중에 프로 명강사가 되고 나면 앞에서 배운 여러 요령을 그대로 실천하지 않아도 됩니다. 그러나 아마추어라면, 또한 기막힌 명강의를 꿈꾸는 사람이라면 반드시 원칙과 요령대로 해야 합니다.

내용이 좋은가

강의안을 점검해봤을 때 훌륭한 콘텐츠인지를 냉정히 점검해봐야 합니다. 전체적으로 좋은 내용이 아니면 강의안은 실격입니다. 그런 강의안으로 강단에 서면 안 됩니다.

홀륭한 콘텐츠란 무엇입니까? 첫째는 강의 주제를 잘 뒷받침하는 내용이어야 합니다. 둘째는 청중이 들어서 '아하!'라는 깨우침이 있는 내용이어야 합니다. 셋째는 청중에게 유익하고 흥미로운 것이어야 합니다. 혹시 청중에게 유익하지는 않을 수도 있습니다. 그렇다면 최소한 일반적 가치는 분명히 있어야 합니다.

그리고 새로운 것이면서도 의미 있는 것이어야 합니다. 강사 중에는 이미 신문에 보도되고 TV에서 다뤄 웬만한 사람은 다 알고 있는 것을 마치 자기가 발견한 새로운 사실인 양 거창하게 다루는 사람이 있습니다. 청중으로서는 황당한 일입니다. 하품이 나올 상황입니다. 그런 강의안으로 명강의는 절대로 불가능합니다. 객관적으로 봐 강의안의 내용이 홀륭한지 잘 체크해보기 바랍니다.

"강의안의 내용이 이미 신문에 보도됐거나 TV에서 다뤄 웬만한
사람은 다 알고 있는 것들로 채워지지는 않았는가?"

예화를 충분히 채웠는가

학술적 세미나나 새로운 이론을 밝히는 자리가 아닌 한 강의는 생생한 사례일 때 청중의 관심을 집중시킬 수 있습니다. 설령 학술적 이론을 밝히는 강의라도 그렇습니다. 순수이론보다는 사례로써 설명이 보강될 때 그 강의는 살아 있는 강의가 됩니다.

따라서 명강의냐 아니냐 하는 것은 논리적 구성을 얼마나 많은 사례로써 뒷받침하느냐에 따라 판가름납니다. 강의를 잘하지 못하는 사람들을 보면 당연하고 상식적인 이야기를 중언부언합니다. 결국 청중의 호응을 얻는 데 실패하고 맙니다.

예를 들어 '직장인으로서의 프로 근성'에 대한 강의를 한다고 해봅시다. '프로 직장인의 조건'이라든가 '프로란 무엇인가?' 등 프로 근성을 이론적으로 제아무리 설명한들 청중은 아무런 감흥을 일으키지 못합니다. 당연한 말이기 때문입니다. 상식적인 이야기, 공자 같은 소리, 교과서 같은 논리이기 때문입니다. 그런 식으로는 명강의라는 평가를 얻을 수 없습니다.

명강의가 되려면 프로 직장인이 갖춰야 할 것을 제시하되 그것을 뒷받침할 수 있는 특별한 사람들의 일화를 소개해야 합니다. 그래야 살아 있는 강의가 됩니다. 청중에게 감동을 줄 수 있습니다. 생각해보세요. 이론으로 사람을 감동하게 할 수 있습니까? 절대 불가능합니다. 사건, 사연, 사례, 에피소드만이 사람에게 실감을 주고 감동을 줍니다.

따라서 명강의를 하려면 강의안이 얼마나 많은 예화와 사례로 채워져 있는지를 점검해봐야 합니다. 그것도 생생하고 흥미있는 예화와 사례로 말입니다. 그것이 부족한 강의안이라면 감히 청중 앞에 나설 생각은 하지 말아야 합니다.

요즘 청중은 이론에 싫증 나 있는 사람들입니다. 웬만한 것은 다 압니다. 그런 사람들에게 "명강의다"라는 평가를 받으려면 어떻게 해야 하겠습니까? 재미있고 감동적이고 특수한 사례를 발굴해 소개하십시오. 그러면서 이론과 연결해 탁월하게 해석해주십시오.

당신의 이야기를 하는가

"인생이 당신에게 가르쳐준 것을 이야기하라. 그러면 당신의 이야기에 귀를 기울일 것이다. 다른 누구누구가 한 이야기가 아니라 당신 자신이 생각하는 것을 본인인 당신의 입으로 이야기하라."

데일 카네기가 연설법에서 한 말입니다. 가슴에 꼭 새겨두시기 바랍니다. 강의안을 예화와 사례로 가득 채우십시오. 그러나 모두 남의 것이라면 흥미는 반감할 것입니다. 그러기에 강사는 자기의 경험과 연구를 통해서 말할 자격을 얻은 주제에 대해 말하고 강의해야 합니다. 원칙입니다.

청중은 당신의 이야기를 듣고 싶어합니다. 인생살이를 통해 당신이 직접 경험하고 직접 배우고 직접 교훈을 얻은 것들에 흥미를 느끼는 것입니다. 남의 이야기를 소개받고 싶어 하는 것은 아닙니다.

그런 이야깃거리가 별로 없다고요? 앞에서 이미 말했듯이 곰곰이 되새겨보십시오. 당신도 분명히 많은 이야깃거리, 에피소드를 가지고 있음을 알게 됩니다. 직장생활을 통해 얻은 특수한 지식도 있을 것입니다. 사회활동을 통해 만난 사람과의 이야기라든가 정신적 신체적 위기 등 색다른 사연도 있을 것입니다. 그것을 생각해내 강의 주제와 연결해 말해야 합니다.

'당신의 이야기'를 하라고 해서 꼭 에피소드만 머리에 떠올려서는 안 됩니다. 평생을 통해 자기 나름으로 연마한 사상, 신념, 독특한 시각으로 해석한 이론 등도 있습니다. 당신 특유의 재료를 청중에게 말할 수 있어야 청중은 귀를 기울입니다. 바로 그런 재료들로 강의안이 채워졌는지 점검해야 합니다.

논리적 구성이 탄탄한가

강의란 한마디로 말해서 '어떤 주제를 정하고 그 주제에 대해 청중을 설득하고 몰입해가는 과정'입니다. 그것을 잘하면 명강의요, 못하면 졸속강의가 됩니다. 청중을 설득하고 몰입하게 하려면 당연히 논리적으로 설득력이 있어야 합니다. '당신의 이야기를 하라'고 해서 말도 안 되는 이야기, 억지 논리를 펴면 안 됩니다. 괜한 헛소리입니다. 심하면 하품만도 못한 것이 됩니다.

강의안의 내용이 논리적으로 이치에 맞아야 하는 것은 기본입니다. 더 나아기 논리적 구성과 전개가 삼반스러울 정도가 돼야 합니다. 며칠 몇 달씩 이뤄지는 학교식 교육이 아니라면 강의는 시간적 제한이 있음에 주목해야 합니다. 대개 한두 시간 단위의 시간적 제한을 하는 강의에서 청중의 감탄을 불러일으키는 탄탄한 구성이 되려면 그 주어진 시간에 딱 맞는 내용 구성을 해야 합니다.

서론이 너무 길어도 안 됩니다. 본론이 지나치게 장황해도 곤란합니다. 강의의 주제를 이루는 여러 개의 소주제가 있습니다. 그중 어떤 하나의 소주제에 너무 많은 시간을 할애해도 명강의로 평가받기 어렵습니다. 서론, 본론, 결론의 배분과 더불어 본론을 이루는 소주제에 관한 내용과 시간의 배분이 중요한 것입니다. 그렇게 강의 전체가 균형을 이룰 수 있도록 강의안이 만들어졌는지 체크해봐야 합니다.

'5/1/1방식'인가

저는 강의안 구성에 '5/1/1 방식'을 권합니다. 일단 한 번의 강의를 대략 1시간 단위로 설정합니다(그보다 더 많은 시간을 강의한다 하더라도 결국은 1시간 단위의 연결에 불과합니다). 그 1시간 동안에 청중의 감탄을 자아낼 강의를 하기 위해 '5분마다 1개의 소주제와 1개의 핵심(정보, 유머, 서스펜스 등)'을 다룹니다. 그런 강의 방식을 '5/1/1 방식'이라고 명명했습니다. 제가 수많은 강의 경험을 통해 정립한 것입니다.

더 쉽게 말하면, 약 5분마다 하나의 작은 주제를 다뤄야 합니다. 그리고 그 5분 동안 청중의 주의를 집중시킬 좋은 정보, 지식, 예화, 유머 등 흥미로운 내용을 제공해야 합니다. 그래야 청중으로부터 명강의라는 평가를 받을 수 있다는 말입니다. 그렇게 되면 1시간(60분) 동안 대략 12개 정도의 '5/1/1'이 연결되게 됩니다.

명강의란 결국 탁월한 '5/1/1'의 연결인 셈입니다. 소문난 명강사의 강의를 유심히 관찰해보세요. 거의 모두가 '짧은 명강의'의 연결로 이뤄져 있음을 알게 됩니다. 그러므로 당신의 강의안이 이와 같이 '5/1/1'의 요소로 연결돼 있는지 점검해봐야 합니다. 물론 강의 주제나 상황에 따라 '10/1/1'이 될 수도 있고 '3/1/1'이 될 수도 있습니다. 중요한 것은 '적절한 시간'마다 주제에 대한 유익한 정보나 흥미 요소가 한 가지씩 배정돼야 한다는 말입니다.

휴! 너무 어렵다고요? 명강의가 누워서 떡 먹듯이 간단히 되는 것입니까? 그 정도의 치밀한 계산과 노력 없이 명강의를 기대해서는 안 됩니다.

감탄 요소가 있는가

명강의란 한마디로 청중의 감탄을 자아내는 강의입니다. 당신 자신이 청중이 돼 어떤 강사의 강의를 들어본 적이 있을 것입니다. 강의가 끝난 후 강의장을 나서는 청중 속에 섞여본 적이 있을 것입니다. 명강의였디면 여기지기서 "대단하군!" "좋은 강의인데!" "정말 강의 잘하는군!" 하는 감탄의 말을 들을 수 있습니다.

그런 감탄스런 평가를 들으려면 강의 내용에 감탄을 불러올 만한 요소가 있어야 합니다. 밋밋한 강의를 하고 감탄의 소리를 들을 수는 없습니다. 상식입니다. 따라서 강의안을 작성할 때 무엇으로 어떻게 청중을 감탄시키고 감동하게 할지 자세히 계산하십시오. 그런 요소를 계획하고 삽입해야 합니다.

감탄을 이끌어내는 요소는 다양합니다. 어떤 것일지는 강의의 주제나 상황에 따라 달라집니다. 때로는 웃겨서 감탄하게 하지만 때로는 울려서 감탄하게 합니다. 때로는 해박한 이론과 논리로 감탄하게 합니다. 때로는 용의주도한 강의 기술로 감탄하게 합니다. 그래서 명강의는 종합예술입니다. 여러 가지 요소가 종합적으로 작용함으로써 "대단한 강의" "명강의"라는 평가가 나오기 때문입니다.

특화 요소가 있는가

명강의란 탁월한 강의입니다. 탁월한 강의란 그만큼 탁월한 요소가 많이 가미돼 다른 강의와 차별화되는 강의입니다. 명강의를 하고자 한다면 그 강의안에 특별한 요소가 될 수 있는 대로 많이 들어가 있어야 합니다. 청중에게 탁월하고 차별화된 강의라는 인식을 심어줄 수 있는 요소들 말입니다. 같은 내용이라도 어떻게 설명하고 해석하고 표현하느냐에 따라 강의에 대한 평가가 완전히 달라집니다. 예를 들어, 예화를 소개하더라도 그것을 말로써 들려주는 것과 동영상으로 보여주는 것은 차이가 큽니다. 동영상이라도 인터넷에 떠도는 것을 보여주는 것과 당신이 잘 편집한 것과는 다릅니다.

그런 방법 외에도 음악, 그림, 실습 등 다른 강사와 차별화되는 독특한 요소가 많이 가미될수록 명강의가 될 수 있습니다. 그러려면 당연히 창의력을 발휘해야 합니다. 남과 다르게 하려면 남과 다른 창의가 강의안에 담겨야 합니다. 그런 차별화된 특화 요소가 있는지 체크해보기 바랍니다.

유머 대책은 있는가

유머! 강사들에게 있어서 일종의 스트레스입니다. 기업의 교육담당자들이 강의 요청을 할 때 요구하는 것이 있습니다.

"재미있게 좀 해주세요."

한마디로 웃겨달라는 겁니다. 원래부터 유머 감각이 뛰어나고 같은 말을 하더라고 재미있게 하는 사람은 문제가 아닙니다. 하지만 유머에 자신이 없는 사람은 콤플렉스와 스트레스가 엄청납니다. 그러나 꼭 개그맨처럼 호들갑을 떨며 웃겨야 웃기는 것이 아닙니다. 손짓 발짓으로 망가져야 재미있는 강의가 되는 것도 아닙니다.

제가 아는 강사 중에 강단 위에서 이리저리 돌아다니며 '미친 사람'처럼 날뛰는 이가 있습니다. 청중이 그것을 보고 폭소를 보내니까 점점 더 그 강도가 높아지고 있어 안타깝습니다. 그는 착각하고 있는 것입니다. 그것이 유머라고. 그런 강의를 절대 명강의라고 하지 않습니다. 그것이야말로 '웃기는 짓'이요 '미친 짓'입니다. 웃기는 것이 반드시 좋은 평가를 받는 것도 아닙니다. 자칫 저질스럽게 유머를 구사했다가는 정말 망가질 수 있습니다. 강의 시간 내내 강의실이 떠나갈 만큼

박장대소 웃기며 재미있게 했는데, 나중에 강의 평가가 좋지 않게 나
오는 경우는 많습니다.

"뭐야? 내용은 없고……."

이런 푸념이 나올 수 있습니다. 그럼에도 불구하고 적절한 유머는
강의에 있어서 절대로 필요합니다. 강의 초안이 작성되면 어떤 부분을
유머로 연결해 재미있게 진행할 것인지 체크해봅니다. 적절한 대책을
세워 강의안에 반영해야 합니다. 재미있는 요소가 너무 없어서 삭막
하다고 판단되면 유머집을 뒤지든 인터넷을 헤엄치든 방법을 찾아야
합니다. 찾으면 있습니다. 연구하면 나옵니다.

더구나 요즘은 인터넷에 유머와 관련한 동영상 등 자료가 무궁무
진합니다. 강의와 연결되는 것을 택해 활용하면 됩니다. 그런 유머 요
소들이 강의안에 있는지 점검해봐야 합니다.

액션 계획은 있는가

강사 중에는 일체의 판서나 보조기구를 사용하지 않는 사람이 있습
니다. 강단 위에서 연설대를 벗어나지 않고 꼿꼿한 자세로 일관합니
다. 그러면서도 명강의를 합니다. 이름난 원로 학자로서 좋은 강의를
한다고 소문난 사람 중에 그런 유형의 사람이 있습니다.

그러나 그런 강사라도 액션플랜이 가미된다면 강의 효과가 더욱 클
것입니다. 두말할 필요도 없습니다. 이름난 강사가 아닌 아마추어가

그런 식으로 강의해서 명강의라는 평가를 받아내기는 쉽지 않습니다. 특히 노인층에 대한 강의라면 금방 코 고는 소리가 들릴지 모릅니다.

강의안을 만들 때는 액션 계획도 수립하는 것이 좋습니다. 액션 계획이란 말 이외의 행동 계획입니다. 예를 들면, 제스처 계획, 판서 계획, 실습 계획 등이 이에 해당합니다. 그 계획은 꼭 강사의 행동 계획만을 뜻하는 것은 아닙니다. 청중이 행동하고 움직여야 하는 계획도 포함됩니다. 단, 청중의 액션 계획을 만들 때는 지나치게 귀찮게 하지 않기를 바랍니다. 자칫하면 항의를 받을 수도 있습니다. 청중의 마음이 강사와 똑같지는 않습니다. 별별 사람이 다 있음을 고려해야 합니다.

예비창고는 만들었는가

강의안은 강의의 시나리오입니다. 그러므로 강의는 강의안대로 하는 것이 원칙입니다. 그러나 강의를 하다 보면 꼭 그렇게 되지 않습니다. 말꼬리를 이어가다 보면 샛길로 나갑니다. 강의안에 없는 내용으로 시산을 소비하는 때도 있습니다. 때로는 강의안에서 준비한 내용을 건너뜀으로써 많은 내용을 사장하는 때도 있습니다.

프로 강사들은 경우에 따라 강의 내용을 고무줄처럼 늘리기도 하고 단축하기도 합니다. 시간 배분을 잘하는 것입니다. 하지만 아마추어는 주어진 시간과 준비한 강의 내용이 딱 맞아떨어지지 않는 경우가 많아집니다. 강의안의 내용이 시간보다 남아도 문제고 부족해도 문제입니다. 아마추어일수록 준비한 내용이 부족하기보다는 터무니없이 남는 경우가 더 많습니다. 강의에 대한 두려움 때문에 이것저것 자료를 모두 담아내기 때문입니다. 자료가 넘치면 결국 논리가 엉키게 됩니다. 강의의 짜임새가 없게 됩니다.

그래도 준비한 내용이 충분하면 사정이 좀 낫습니다. 문제는 준비한 내용을 다 사용하고도 시간이 남을 때입니다. 이럴 때 당황합니다. 진땀이 납니다. 저도 초년 시절에 그런 경험을 한 적이 있습니다. 한마디로 낭패입니다. 그런 경우를 예방하는 방법이 있습니다. 강의안에 '예비창고'를 만드는 것입니다. 시간의 흐름과 더불어 때로는 생략하고 때로는 끄집어내 사용하는 예비내용을 만들어야 합니다. 강의안을 만들 때 예비내용에 대해 적절한 표시를 해두고 시간의 흐름에 따라 적절히 버리거나 활용하면 됩니다. 당신의 강의안에 그런 부분이 있는지 체크해보기 바랍니다.

□□□ 당신의 강의안은 어떻습니까? 예비내용이 있습니까?

상상강의를 통해 재구성했는가

지금까지 강의안 내용 구성법에 대해 상세히 설명했습니다. 이 정도를 철저히 실천한다면 당연히 명강의안이 될 것입니다. 그것을 토대로 연습하고 강의한다면 분명히 명강의를 할 수 있습니다.

그러나 현실과 이론은 다릅니다. 강의안이 다 됐다고 해서 실제에서 강의안대로 강의가 진행되지 않습니다. 책상에 앉아 강의안을 작

성할 때의 논리전개와 실제 청중을 앞에 놓고 강의를 할 때의 논리전
개는 다르게 되는 수가 많습니다. 앞에서 '예비창고를 만들어라'라고
강조한 것도 그래서입니다. 강의안을 작성할 때의 머릿속 상황과 실제
로 강의를 할 때의 현장 상황이 다르기 때문입니다.

현장 상황에 부딪히면 논리전개의 순서가 달라질 수 있습니다. 현
장에서 청중을 바라보며 생생한 상황을 보노라면 때로는 판단이 달
라집니다. 논리를 바꾸거나 뛰어넘어야 더 멋진 설명이 될 수도 있습
니다. 거꾸로 설명하는 것이 더 낫다는 판단이 설 수도 있습니다. 강의
해본 사람이라면 무슨 말인지 이해할 것입니다.

강의안을 만들 때의 상황과 현장 상황의 오차를 줄이기 위해 동원
되는 방법이 '상상강의'입니다. 상상강의란 현장의 상황을 머릿속에 그
리며 상상 속에서 강의를 해보는 것입니다.

상상강의에 대해서는 다음 단계에서 상세히 설명합니다. 여기서는
간단히 언급만 했습니다. 그러나 명강의를 하는 데 있어 매우 중요한
절차요 과정입니다. 강의안을 작성하는 과정에서도 요긴하게 활용해
야 합니다. 강의안(초안)이 작성되면 상상강의를 해보면서 강의안 구성
이 제대로 됐는지 점검해야 합니다. 실제로 강단에 서기까지 시간적
여유가 있다면 그런 과정을 여러 번 거칠수록 명강의를 위한 명강의
안이 될 수 있습니다.

제 컴퓨터에는 여러 형태의 강의 장소와 다양한 청중의 모습이 찍혀 있는 사진들이 저장돼 있습니다. 저는 강의안을 만들 때 실제 강의 장소와 분위기가 비슷할 것으로 예상하는 사진을 컴퓨터의 두 개 화면 중 한쪽에 띄워놓습니다. 그리고 그들 청중 앞에서 강의하는 기분으로 상상강의를 합니다. 그러면서 다른 쪽 화면에 띄워놓은 강의안을 최종 점검함으로써 강의안을 완성합니다. 프로들은 이렇게 합니다. 재주로 강의하는 것이 아닙니다. 치열한 노력으로 강의합니다. 당신도 그렇게 하기를 바랍니다.

> "당신의 강의안에 스스로 심취하지 마라.
> 청중의 시각으로 냉정히 평가하라.
> 정말로 탁월한 강의안인지 여부를."

5단계 ✓ 체크하기

□□□ 이제 6단계로 넘어갈 준비가 됐습니까?

06

"강사가 스스로 감동할 만한 강의 기술을 발휘하지 못하면 청중을 감동하게 할 수 없다."

지금까지는 명강의를 하기 위한 준비과정으로써 모든 것을 다뤘습니다. 목소리를 다듬는 것에서부터 강의 계획을 세우고 강의 콘텐츠를 만드는 일, 강의안을 작성하는 일 같은 것입니다. 이제부터는 강의 실전입니다.

'강의'라면 으레 강의 내용과 말솜씨만을 머리에 떠올리기 쉽습니다. 그러나 성공적인 강의는 결코 한두 가지 요소로 이뤄지지 않습니다. 강의는 해볼수록 종합예술임을 느낍니다. 여러 가지 복합적 요소가 절묘하게 조화돼야 명강의가 됩니다. 만약 당신이 프로 강사로서 강의 수준을 업그레이드하기 위해 이 책을 선택했다면 이 단계부터 특별히 신경 써서 훈련하기 바랍니다.

수년 전, 지금도 기억에 남는 일이 있습니다. 수백 명의 여성 청중 앞에서 강의했습니다. 그런데 말이 술술 잘 나왔습니다. 강의 장소는 계단식으로 돼 있는 극장 같은 곳이었습니다. 마이크 성능도 좋았습니다. 기립박수가 나올 정도로 성공적인 강의였습니다. 100분에 걸친 강의였습니다. 그 강의가 끝나자마자 30분쯤 이동해 다른 장소에서 강의를 또 하게 됐습니다. 청중은 30명이 채 안 됐습니다. 같은 여성 청중이었습니다. 주제도 똑같았습니다.

이론상으로 보면 두 번째 강의가 더 잘됐어야 합니다. 방금 '리허설'을 한 셈이고 30명 정도의 소규모 청중이라면 장악하기가 '식은 죽 먹기'이기 때문입니다. 그러나 참담하게 실패했습니다. 지금도 그때를 돌이켜보면 창피한 생각이 들 만큼 최악의 강의였습니다.

곰곰이 분석해봤습니다. 아마도 다음과 같은 세 가지 요인 때문이었을 것으로 짐작합니다. 하나는 마이크의 성능이 좋지 않았다는 것입니다. 다른 하나는 이상하게도 강의실에 들어선 순간 싸늘할 정도로 열기가 없었다는 것입니다(억지로 교육을 받아야 하는 상황이었는지 모릅니다). 그리고 나머지 하나는 앞선 강의에서 큰 박수를 받는 바람에 적은 규모의 청중을 우습게 보고 교만했기 때문이라는 것입니다. 강의는 그렇게 까다롭습니다. 여러 요인의 영향을 받습니다. 아주 작은 변화에도 민감하게 반응합니다. 강의를 많이 해본 사람은 그 말에 공감합니다.

강의의 성패는 복잡 다양한 여러 요소가 얽히고설켜서 판가름납니다. 강의 내용이나 화술은 물론 강사의 인상에서부터 목소리, 청중의 관심도와 수준, 심지어 강의 장소의 기온과 마이크의 성능, 좌석 배치의 형태 등 아주 많습니다. 심지어 강사의 기분이나 청중을 대하는 태도에 따라서도 좌우됩니다. 그러므로 강사는 그런 제반 요소(강의의 성공 요소)를 잘 활용하고 조화시켜야 합니다. 그래야 종합적으로 '좋은 강의' '훌륭한 강사'라는 최후의 평가를 이끌어낼 수 있습니다.

구슬이 서 말이라도 꿰어야 보배입니다. 부뚜막의 소금도 집어넣어야 짭니다. 영화의 시나리오가 제아무리 좋아도 배우가 제대로 소화하지 못해 명연기로 보여주지 못한다면 '말짱 헛일'입니다. 따라서 강의안이 잘 작성됐다는 전제하에 이제부터 명강의를 위한 실전의 기술을 배우도록 하겠습니다.

이렇게 못하겠으면 강의하지 마라

●

지금까지 당신은 훌륭한 강의를 하기 위한 준비 단계를 거쳤습니다. 그러나 강의 훈련의 최종 목표는 좋은 준비를 하는 데 있는 것이 아닙니다. 명강의를 하는 데 있습니다. 물론 준비 단계의 이행사항을 철저히 실천한 사람이라면 명강의를 할 수 있는 확률이 그만큼 높아집니다. 하지만 그래도 강의 실전에서 실패할 가능성은 여전히 존재합니다. 그러므로 이제부터 지시하는 실전의 기술들을 철저히 실행해달라고 요구합니다.

지금부터 다루는 것이 명강의를 하기 위해 가장 중요한 기술적 과제임을 명심하십시오. 그대로 따라 해야 합니다. 이 책의 머리에서 강조한 것이 있습니다. 당신의 의견과 일치하는 사항은 실천하고 공감하지 않는 부분은 따라 하지 않는 식으로 해서는 절대 안 됩니다. 당신의 고집대로 했기에 지금껏 명강의를 하지 못했다고 생각해야 합니다.

명강의는 그 요령이 까다롭거나 어려운 것이 결코 아닙니다. 오히려 대단히 평범하고 상식적이라 할 수 있습니다. 문제는 그 평범하고 상식적인 일들을 실천하는 사람이 드물다는 사실입니다. 방법이 어려워서가 아닙니다. 실천하는 사람이 드물어서 명강사가 많지 않다는 말입니다.

이제부터 설명하는 내용은 평범하고 상식적일 수 있습니다. 하지만 수십 년에 걸쳐 수많은 강의 경험과 나름대로 실험을 통해 도출해낸 것입니다. 명강의를 위한 필수 기법이요 조건입니다. 따라서 취사선택하지 말고 그대로 따라 하고 실천해주기를 다시 한 번 강조합니다. 그렇게 해서 강의 실전에서 승자가 되기를 바랍니다. 청중에게서 "명강의다!"라는 최후의 감탄사를 들을 수 있도록 말입니다. 그렇게 못하겠거든 강단에 서지 말아야 합니다.

"꼭 이대로 실천해야 합니다.
그러지 못하겠거든 강단에 서지 마라."

맞춤 강의를 하라

러셀 콘웰 박사. 미국 전역을 돌며 6000여 회의 감동적인 강연을 하고 약 800만 달러의 기금을 모아 1884년 필라델피아에 템플 대학을 창설한 사람입니다. 그러나 그의 명강연은 그냥 이루어진 것이 아닙니다.

　그는 강연하기 위해 지방이나 도시를 방문하면 강연시각보다 훨씬 일찍 도착합니다. 그러고는 그 지역의 이발소, 호텔, 그리고 눈에 띄는 가게에 들어갑니다. 주인이나 손님들과 대화를 나눠 그 지역의 역사, 생활여건, 문제점 등을 파악하는 것입니다. 그런 조사 자료를 기초로 해 그 지역과 주민에게 딱 맞는 강연을 합니다. 그는 같은 주제를 가지고 6000회 이상 강연했습니다. 하지만 똑같은 강연을 두 번 이상 되풀이한 적이 없다고 합니다. 청중이 무엇을 듣고 싶어하는지 철저히 준비해 청중에게 맞는 맞춤 강연을 했기 때문입니다.

　지금은 인터넷과 통신의 발달로 맞춤 강의를 하기가 더 쉽습니다. 문제는 얼마나 청중에게 맞는 강의를 하기 위해 노력하느냐 하는 것입니다.

　강의안이 잘 작성됐다 하더라도 청중, 장소, 계절이나 시기에 따라 강의 내용은 미묘한 변화가 필요할 것입니다. 그 작은 변화를 맞춤 강의를 통해 수렴할 수 있어야 명강의가 됨을 깊이 인식해야 합니다.

반드시 예행연습을 하라

노래를 한 곡 부르는 데는 5분 정도의 시간이 걸립니다. 그럼에도 가수들이 음반 녹음을 할 때는 악보가 완성되고도 몇 달씩이나 연습합니다. 하물며 몇 시간 동안 강의를 할 사람이 강의안만 작성해두고 연습을 하지 않는다면 말이 되지 않습니다. 힘들여 악보를 만들어놓고 즉석에서 음반 녹음을 하는 것과 다를 바 없습니다. 아니, 더 무모한 짓입니다.

강의 능력을 향상하려면 강의안을 만든 후에 거울 앞에서 또는 모니터를 두고 연습을 하며 강의 훈련을 쌓아야 합니다. 마치 운동선수가 실전을 앞두고 피나는 훈련을 하는 것처럼 말입니다. 많은 사람이 강의를 잘하지 못하는 이유 하나가 바로 이 '연습'을 하지 않는다는 것입니다. 명강의를 하려면 반드시 훈련과 연습이 필요합니다.

"청중이 없는 상황에서 원맨쇼를 하란 말이냐?"

그렇게 반문할지 모르겠습니다. 그렇습니다. 원맨쇼를 해봐야 합니다. 쑥스럽고 귀찮다고요? 그렇다면 명강사 되기를 포기해야 합니다.

□□□ 이번의 강의 제목에 대해 연습을 해봤습니까? 여러 번 할수록 실력이 느는 것은 당연합니다.

'상상강의'를 계속하라

거울 앞에서 강의 연습을 해봤습니까? 혼자서 원맨쇼를 해봤습니까? 그것은 발성, 어조, 표정, 태도 등을 다듬는 데 매우 유효합니다. 그러나 그것만으로 부족합니다. 전체적인 강의 훈련은 오히려 상상으로 하는 것이 더 실질적입니다. 상상 속이라면 청중의 규모와 강의장 분위기도 머리에 그릴 수 있습니다. 당신 자신을 객관화해볼 수도 있습니다. 때로는 청중이 환호하는 모습을 떠올리며 빙그레 웃을 수도 있습니다. 상상력은 무궁무진합니다.

그런데 그 상상이 실제만큼이나 효과가 있습니다. 수많은 심리학자가 그것을 과학적으로 밝혀냈습니다. 그중 대표적인 사람이 인공두뇌심리학이라는 이론을 만든 성형외과 의사 맥스웰 멀츠 박사입니다. 그가 밝혀낸 결론은 인간에게 있어서 상상의 경험도 실제의 경험만큼 효과가 있다는 것입니다.

캐나다 요크 대학의 노엘리아 배스캐스 교수는 상상 속의 청중이 어떤 효과가 있는지 실험했습니다. 자신을 3인칭화해 청중과 자신이 자기를 바라보는 장면을 상상하며 연설 연습을 했을 때 훨씬 더 효과적이라는 결과를 발표했습니다. 이처럼 상상으로 실전 경험을 해보는 이미지트레이닝은 스포츠뿐만 아니라 강의에서도 필요합니다.

저는 프로 강사이기 때문에 강의안을 만들어놓고 거울 앞에서 연습하지는 않습니다. 그 단계는 벗어났습니다. 그러나 상상강의는 끊임없이 합니다. 설령 며칠 전에 강의한 주제로 또 강의하더라도 상상강의는 꼭 합니다. 기차나 버스를 타고 이동하면서도 합니다. 어떤 때는 승용차로 강의 장소에 도착해서는 주차장에서 상상강의를 하고 강의 장소로 들어갑니다.

「앉으나 서나 당신 생각」이라는 대중가요가 있습니다. 강사야말로 '앉으나 서나 강의 생각'을 함으로써 명강의에 다가서게 됩니다. 즉, 강의 주제에 대해 앉으나 서나 생각을 해야 합니다. 상상 속에서 실제 상황처럼 강의를 해봐야 합니다. 그러면 강의안을 작성할 때 생각하지 못했던 기발한 표현이나 탁월한 논리의 전개 방식이 더 생각납니다. 그렇게 되면 강의 직전이라도 강의안을 수정하고 강단에 오릅니다. 그렇게 최대한 노력하고도 강의 성공률은 기대했던 것만큼 높지 않습니다. 능력 부족이기도 하겠지만 명강의를 하기란 그 정도로 어렵고 까다롭습니다.

□□□ 이번 강의 주제에 대해 상상강의를 했습니까? 계속하고 있습니까? 상상강의는 진짜 강의를 하듯이 머릿속에서 매우 구체적으로 해봐야 합니다.

강의 줄거리를 숙지하라

좋은 강의를 하려면 앞에서 말한 것처럼 머릿속에서 상상강의를 하십시오. 아니면 사정이 허락하는 대로 실제로 강의 예행연습을 해보십시오. 실전에 충실히 대비해야 합니다. 그렇게 하면 여러 번 실제로 강의를 한 것 같은 효과가 있습니다. 그러므로 강의가 쉽게 됩니다. 자연스럽게 강의의 줄거리를 숙지하게 될 것입니다.

강사가 강의안을 만드는 것은 그것을 보기 위함이 아닙니다. 중요한 생각이 떠오르지 않을 때 강의안을 통해 확인하기는 합니다. 하지만 강의안에 매달려 강의하는 사람이라면 결코 명강사는 아닙니다. 강의안을 만드는 과정 자체가 그 내용을 머릿속에 입력하는 과정입니다. 물론 강의는 강의안대로 진행합니다. 따라서 강의 도중에 강의안을 보는 것이 흠이 되는 것은 아닙니다. 하지만 명강사라는 평가를 받으려면 강의 줄거리와 그와 연관된 사항을 완전히 숙지한 후에 강단에 서야 합니다.

강의 환경을 조작하라

●

강의 환경 조작. 저는 그 비중을 매우 높이 봅니다. 명강의를 위한 결정적 요소의 하나로 봅니다. 그런 결론에 도달하기까지 '강의 환경'과 관련해 크고 작은 에피소드가 많습니다. 명강의로 기억된 강의나 창피할 정도로 실패한 강의를 돌아보며 그렇게 된 요인을 딱 한 가지만 꼽으라면 저는 서슴없이 '강의 환경'을 말합니다.

강사가 강단에 설 때는 이미 강의 내용에 대한 준비는 완료된 상태입니다. 그러니까 마지막으로 남아 있는 변수는 강의 환경이 유일합니다. 그러기에 강의 환경이 명강의가 되느냐 못되느냐를 결정짓는 최후 요인이 되는 것입니다. 강의 환경의 변수적 중요성을 이해하시겠습니까? 그 정도로 중요한 것임을 가슴 깊이 인식하기 바랍니다. 그것은 강의를 많이 해본 사람들이 뼈저리게 느끼는 공통 의견입니다.

할수록 묘한 것이 강의입니다. 많이 했으면 그만큼 잘돼야 하지 않습니까? 같은 장소에서 계속해서 하는 학교식 강의라면 그럴 수 있습니다. 그러나 매번 강의 장소가 바뀌고 대상자가 바뀌는 프로 강사들의 강의는 할 때마다 여러 요인이 작용합니다. 그것이 바로 강의 환경입니다.

같은 강사가 같은 강의안을 가지고 같은 청중에게 같은 강의를 하더라도 마찬가지입니다. 강의 장소, 강의 시간대, 좌석 배치 유형, 기온, 마이크 성능 등 외적 조건에 따라 강의 효과에 커다란 차이가 납니다. 즉, 때와 장소와 분위기 등 외적 조건에 따라 강사와 청중 사이의 화학작용이 달라진다는 말입니다. 그래서 명설교로 유명한 노만 필 목사는 이렇게 말했습니다.

"연사는 똑같은 청중을 두 번 가질 수 없다."

제가 만나본 목사들도 주일에 3~4회에 걸쳐 같은 설교안으로 설교를 하지만 설교의 분위기와 반응은 따로따로라고 말했습니다.

강의는 환경의 영향을 크게 받습니다. 그러므로 강의를 잘하기 위해서는 강의 환경을 적절히 조작하는 전략이 필요합니다. 물론 강사 자신이 강의 환경을 마음대로 조정하기는 어렵습니다. 대개 이미 주어진 조건과 환경 속에서 강의하기 때문입니다. 그러나 만약 당신이 강의 환경을 어느 정도 조작할 수 있는 상황이거나 당신이 강의를 준비하고 진행하는 실무관계자라면 다음 사항을 유념해 강의 환경을 잘 만들어야 합니다.

"강의 환경이 강의에 영향을 미치는 최후 변수다.
따라서 가능만 하다면
다음과 같은 조처를 하고 강의해야 한다."

강의 장소

청중 수에 알맞은 장소 선택이 중요합니다. 특히 청중의 수에 비해 강의 장소가 너무 크면 쓸쓸한 느낌이 들고 주의를 산만하게 합니다. 강의 분위기를 잡는 데 지장을 줍니다.

강의 장소의 소음은 강의 효과를 절대적으로 떨어뜨립니다. 창문을 통해 들리는 자동차 소리, 청중이 데리고 온 어린아이의 칭얼거림, 냉난방기의 기계작동 소리 등을 차단해야 명강의가 가능해집니다.

실내 강당인 경우, 강사가 서 있는 높은 연단은 청중이 앉아 있는 객석에 비해 온도가 뜻밖에 높습니다(더운 공기가 위로 몰릴 뿐 아니라 연단에 조명이 집중되기 때문입니다). 또한 청중은 '자유복장'임에 비해 강사는 정장차림을 할 때가 잦습니다. 거기에다 긴장한 상태로 말을 해야 합니다. 그러므로 더위를 심하게 느낄 수 있습니다. 강사에게 있어서는 추위보다 더위가 강의에 더 나쁜 영향을 미칩니다. 그러므로 강사가 '땀을 흘리지 않도록' 사전에 제반조치를 연구해두는 것이 좋습니다(연단을 기준으로 한 실내 온도 조절, 강사 전용 선풍기 준비 등).

좌석 배치

청중의 좌석 배치가 어떤 형태로 돼 있느냐 하는 것도 강의를 잘할 수 있느냐 없느냐와 밀접한 관계가 있습니다. 특히 청중의 밀착도는 감정 전달의 효과를 좌우합니다. 예를 들어 청중이 드문드문 흩어져 앉아 있으면 이성적 사고가 강하게 작용합니다. 분위기가 냉담해집니다. 따라서 열정적으로 강의해도 분위기가 잡히지 않습니다. 유머를 구사해도 웃음이 일어나지 않습니다. 반면에, 청중이 밀집돼 있으면 청중 상호 간에 감정적 상승작용이 일어납니다. 강사가 의도하는 대로 분위기가 잘 잡히는 것입니다.

그러므로 강의 장소에 빈자리가 많고 청중이 여기저기 흩어져 있을 때는 청중이 앞자리에서부터 차례로 밀집해 모여 앉도록 조치를 하고 강의를 해야 합니다.

　강사와 청중은 서로 정면을 향해 마주 보고 있을 때 의사전달 효율이 높습니다. 그러므로 청중의 좌석 배치는 강사를 정면으로 바라보도록 조치해야 합니다. 좌석 배열은 보통 U형(토론형)과 一형(교실형)이 대부분입니다. 강의는 교실형이 바람직합니다.

　U형으로 배열하면 청중끼리 시선이 마주쳐 주의를 분산케 합니다. 설령 강사를 바라본다 하더라도 마찬가지입니다. 얼굴을 좌우로 틀거나 시선을 곁눈질해 봐야 합니다. 그러므로 의사전달에 심리적 장애가 발생합니다. 당연히 강의 효과가 떨어지게 됩니다. 단, U형의 배열도 무방한 경우가 있습니다. 청중의 수가 20여 명 내외로 강사의 일방적 강의가 아니라 대화식, 토의식 강의를 하게 될 때 그렇습니다.

강단

강의하러 강의장에 들어섰습니다. 그 순간 높은 강단(연단)을 발견하거나 강단과 청중 간의 거리가 멀리 떨어져 있는 것을 보게 됐습니다. 그러면 저는 직감적으로 "오늘 강의는 힘들겠구나" 하는 생각이 듭니다. 난감합니다. 그 성노로 상난의 구조가 강의를 좌우합니다.

　인터넷을 뒤져서 미국 대통령이 상하양원 국회의원에게 연설하는 사진과 우리나라 대통령이 우리 국회에서 연설하는 장면을 찾아보기 바랍니다. 미국 국회는 의사전달이 매우 잘되도록 '아담한 구조'로 돼 있습니다. 청중(국회의원)이 밀집해 있어 설득 효율이 높을 것입니다. 반면에 우리 국회는 엄청나게 높은 천장에 넓게 퍼트려진 구조입니다.

권위는 있게 생겼습니다. 하지만 강연이나 연설 장소로는 좋지 않습니다. 공감과 설득력이 떨어지는 구조입니다.

강사가 서 있는 강단이 지나치게 높으면 강의 효과가 떨어집니다. 강단은 강사가 뒷자리의 청중까지 볼 수 있도록 하고 청중이 강사와 판서 내용을 제대로 볼 수 있게 하려고 높이는 것입니다. 단순히 강사의 권위를 생각해 높이는 것은 아닙니다.

1000~2000명 이상의 대중을 상대로 고성능 음향기기를 사용하는 큰 연설회가 아니라 100~200명 정도의 일반 강연이나 강의일 때는 높은 강단이 청중과의 호흡일치를 방해합니다. 강의를 어렵게 하는 것입니다. 청중이 100명 내외인 강의라면 강단을 지나치게 높게 하지 말아야 합니다. 수십 명 정도의 소규모 강의라면 아예 강단을 만들지 말고 청중과 같은 평면에 연설대를 차리고 강의를 하는 것이 좋습니다.

강단의 높이뿐만 아니라 강사와 청중 간의 거리도 강의 효과에 영향을 미칩니다. 강사와 청중 간의 거리는 될 수 있는 대로 가깝게 하는 것이 좋습니다. 물론 그 거리는 청중의 규모에 맞춰 적절히 조절해야 합니다.

청중의 수가 100명 내외에 불과한데도 청중의 맨 앞줄과 강사의 거리가 십여 미터에 이를 정도가 되면 분위기를 잡기 어렵습니다. 강의하는 데 정말 힘이 듭니다. 강의를 망칠 확률이 높습니다.

강단이 극장의 무대처럼 너무 높거나, 높지는 않더라도 청중과 거리가 너무 떨어져 있다면 이렇게 하십시오. 과감하게 연단을 벗어나 청중 쪽으로 바짝 다가가는 것입니다. 3~5미터 정도로 거리를 가깝게 유지하세요. 그렇게 함으로써 청중과 정신적 교류를 좀 더 원활하게 하고 공감을 불러일으켜 강의 효과를 높일 수 있습니다.

음향기기

음향기기는 강의 효과를 절대적으로 좌우합니다. 사람에 따라서는 강의 성패의 50퍼센트 이상을 음향기기가 좌우한다고 말합니다. 그만큼 중요합니다. 따라서 교육을 주된 용도로 운영하는 건물(연수원, 강당 등)은 다른 부분은 절약하더라도 음향기기만은 최고급 시설로 갖춰야 합니다.

음향기기의 성능이 좋지 않아 목소리를 크게 내야 하거나, 낭랑하고 맑은 음질이 아니고 둔탁하거나 '붕붕'거리는 음향기기일 때 강의의 실패는 불을 보듯 뻔합니다. 그래서 프로 명강사 중에는 자기 목소리가 제대로 전달되는 전용 마이크나 스피커를 가지고 다니는 사람도 있습니다.

강사를 초빙하는 측에서는 다른 것은 몰라도 음향기기만은 정말 좋은 것을 준비해야 힙니다. 음향기기가 좋지 않은 장소에 강사를 모시는 것은 결국 명강의를 포기하는 것과 마찬가지입니다.

"강의 장소, 좌석 배치, 음향기기 등 강의 환경이 나쁘다면
명강의가 안 되는 것은 강사의 책임이 아니다.
강의 주최 측의 책임이다."

기타

파워포인트를 작동할 때 빔프로젝터의 빛이 강사의 얼굴에 비치는 구조도 강사의 활동에 영향을 줍니다. 칠판의 성능도 마찬가지입니다.

또한 강의 중에 청중의 출입이 빈번하다면 주의를 분산시켜 강의 효과를 떨어뜨립니다. 그러지 못하도록 사전에 유의시켜야 합니다. 강의 열기가 고조될 때 청중 한 사람이 자리에서 일어나 밖으로 나가는 하찮은 행위도 강의의 흐름을 깹니다.

주최 측에서 음료를 미리 준비하지 않아 문제가 될 때도 있습니다. 강의 도중에 교육진행자가 강사에게 음료를 제공하러 단상으로 오르거나 청중에게 음료 등의 간식을 제공하는 경우가 있게 되지요. 역시 명강의를 방해합니다. 주최 측이 강의 준비를 그만큼 덜했다는 증거입니다. 그뿐 아니라 강사를 초빙한 회사의 수준을 그대로 보여주는 것입니다. 따라서 강사의 음료는 미리 준비해야 합니다. 강의 중 청중에게 음료 등을 제공하는 일도 엄금입니다.

•이 정도는 미리 조치해야•

강의 장소와 음향기기 등의 시설과 장치는 어쩔 수 없는 조건입니다. 강사가 허락 없이 조작하기가 쉽지 않습니다. 그러나 강사가 조작할 수 있는 수준의 강의 환경도 있습니다. 강의 시작 전에 조정되도록 강의를 준비하는 관계자와 미리 상의해야 합니다. 적어도 다음 사항 정도는 조치하고 강의에 임하십시오. 그래야 프로 강사라 할 수 있습니다.

- 수강자를 앞자리에서부터 모여 앉도록 좌석 정돈
- 청중의 자리 배치(강사와 청중 간의 거리를 가깝게 배치, 정면을 보고 앉게 하는 좌석 배열)

• 냉난방 기구 작동 등 실내 온도와 소음 제거

• 이동이 가능하도록 마이크 종류를 선택하는 것

• 칠판, 분필, 시청각 교육용 스크린 등 강의 보조기재 준비와 그 위치

• 청중에게 음료나 간식을 제공하는 방법과 타이밍 조절

• 강사용 음료와 물수건 등 사전조치

□□□ 당신은 강의 환경의 영향을 받지 않습니까? 받는다면 조치하고 강의
합니까? 강의 장소에 입장한 후 당황하는 일이 없도록 교육진행자에게
사전조치를 요구해야 합니다. 그래야 프로입니다.

떨면 망친다

●

"박사님, 강연 공포 때문에 미치겠습니다. 좋은 방법이 없나요?"

제 책의 여성 독자 한 분이 전화를 걸어왔습니다. 목소리와 말투로 봐서는 프로 강사급이라는 생각이 들 정도인데 웬 강연 공포? 그녀의 상태는 매우 심각했습니다. 제가 예측한 대로 보통 때는 말을 잘한다는 이야기를 듣는답니다. 그런데 연단에만 올라서면 부들부들 떤다는 것입니다. 머릿속이 하얘지고 눈앞이 캄캄해진답니다. 전화 대화로 진단을 해봤습니다. 하지만 아무런 조처를 할 수가 없었습니다. 거의 병적인 상태였기 때문입니다. 그렇게 특수한 경우는 아니더라도 사람은 누구나 청중 앞에서 떱니다. 약간의 정도 차이가 있을 뿐입니다. 프로

가수들도 심사를 받는 무대에 오르면 손에 땀을 줄줄 흘릴 정도로 떱니다.

강연 공포는 일명 청중 공포, 발표 공포, 무대 공포, 연단 공포, 스피치 공포, 프레젠테이션 공포, 시선 공포, 직전 공포라고도 합니다. 그런데 이런 공포가 좋지 않은 이유는 무엇보다도 강의를 망칠 수 있기 때문입니다. 웬만한 공포는 강의를 시작하고 조금 시간이 지나면 가라 앉습니다. 그러나 중요한 강의일수록 계속해서 떨리게 됩니다. 그러면 머리 회전이 갈팡질팡이 돼 강의안의 내용이 생각나지 않는 공황 상태에 빠질 수 있습니다.

그러기에 공포를 느낄 때면 나름대로 방법을 찾아 그것을 잘 다스려야 합니다. 전문연설가이며 화술의 대가인 릴리 월터스는 이렇게 말했습니다.

"연설 공포는 사전준비와 연습을 통해 75퍼센트, 심호흡을 통해 15퍼센트, 마음의 준비를 통해 10퍼센트 정도 극복된다."

강연 공포를 없애는 방법은 무척 많습니다. 여기서는 릴리 월터스의 세 가지 방법에 따라 공포를 없애고 이기는 방법을 알아보겠습니다.

사전준비와 연습: 75퍼센트 해소

자신감을 가지세요. 그러려면? 당연히 준비가 중요합니다.

'청중 앞에만 서면 나는 왜 작아지는가?'

왜 떨릴까요? 딱 한 가지 이유를 말해보세요. 이유는 분명합니다. 청중 앞에서 떨린다는 것은 자신이 없기 때문입니다. 왜 자신이 없습니까? 실력이 부족해서입니다. 왜 실력이 부족합니까? 준비가 부족해서입니다. 고로, 청중 앞에서 떨리는 것은 낯선 사람이나 대중 앞에서면 누구나 당연히 떨리는 것(그것을 공포심 중 10퍼센트 정도로 봅시다)을 제외하면 결국 준비 부족 때문입니다.

그 말을 거꾸로 해봅시다. 강의 공포를 겪지 않으려면 준비를 완벽하게 해서 빨리 무대에 오르고 싶을 정도가 되게 하라는 말입니다. 강의 시작을 전후한 5분(그러니까 모두 10분)이 공포감을 느끼는 최대 고비입니다. 그러므로 강의 초반에 어떤 말을 어떻게 해 경직되고 두려운 분위기를 누그러뜨릴지 준비를 해두는 것이 좋은 대책입니다.

심호흡: 15퍼센트 해소

떨리면 자기도 모르게 가슴에 힘이 들어가고 몸을 긴장시키게 됩니다(추워서 떨 때도 같은 현상이 나타납니다). 이럴 때는 의도적으로 가슴의 힘을 풀고 몸을 이완시키세요. 천천히 심호흡을 합니다. 그러면 떨림이 줄어듭니다.

하버드 대학의 심리학자 조앤 보리센코는 심호흡이야말로 불안에서 벗어나는 가장 효과적인 방법이라고 했습니다. 우리의 몸과 마음이 숨쉬기에 집중하면 불안한 생각이 들 여지가 없다는 것입니다. 이때의 호흡법은 가슴으로 숨 쉬는 흉식호흡이 아닙니다. 배로 숨 쉬는 복식호흡입니다.

스피치를 시작하기 전, 순서를 기다리며 편안한 자세로 앉아보세요. 눈을 지그시 감고 손을 배꼽 부근에 올려놓습니다. 그리고 배 깊숙이 숨을 들이마시고 내쉴 때는 한숨을 쉬듯 내뱉습니다. 이렇게 자신의 호흡 방법을 의식하면 긴장을 줄이는 데 도움이 됩니다.

심호흡할 때 '긍정적 자기 대화'를 하면 더욱 좋습니다. 긍정적 자기 대화란 자기 스스로 마음을 가라앉히는 말을 하는 것입니다. 일종의 최면이지요.

"이미 충분히 준비했잖아. 자, 떨지 말고 잘해보자. 난 할 수 있어."

"여유를 갖자. 흥분하지 말자. 나는 잘할 수 있다. 두렵긴 뭐가 두려우냐. 청중은 청중일 뿐이다. 당당하자."

그렇게 자기 설득을 하면서 자기 능력을 확신하는 것입니다. 해야 할 강의에 집중하는 것입니다.

□□□ 자, 심호흡을 어떻게 하는지 실습해봅시다. 나중에 강의 현장에서 활용하면 됩니다.

마음의 준비: 10퍼센트 해소

떨리는 것을 당연한 것으로 받아들이는 것도 하나의 대책입니다. 당연히 떨리는 것으로 각오하라는 것입니다. 청중이 있으므로 떨립니다. 시선이 집중되므로 떨립니다. 시작 직전에 떨립니다. 세계적인 성악가 파바로티와 배짱 두둑할 것 같은 농구 스타 마이클 조든도 '직전 공포(많은 사람 앞에 서기 직전에 떨리는 것)'에 시달렸다고 고백한 적이 있습니다. 세계대전을 진두지휘한 윈스턴 처칠도 떨었고 프랭클린 루스벨트도 떨었습니다. 심리학자 윌리엄 리버스는 이를 가리켜 '집단에 대한 개인의 본능적 공포반응'이라고 했습니다.

"많은 사람 앞에서는 호랑이도 떤다"는 말이 있습니다. 캐나다 토론토 대학에서 사람이 느끼는 두려움과 강도를 조사했습니다. 대중 앞에서 한 연설이 41퍼센트, 고소 공포 32퍼센트, 금전 문제 22퍼센트, 깊은 물 22퍼센트, 질병 19퍼센트, 죽음 19퍼센트, 어둠 8퍼센트 순이었습니다. 연설이 죽음보다도 더 무섭다는 것이 허풍이겠지만 어쨌거나 연설 공포의 강도를 잘 나타낸다고 하겠습니다.

연설 공포는 말하는 것 자체에 대한 공포라기보다 사실은 평가받는 데 대한 공포입니다. 남으로부터 비웃음을 사고 창피할 것에 대한 공포입니다. 거꾸로 말하면 '망가질지 모른다'는 데 대한 두려움입니다. 이것을 거꾸로 생각하면 '좀 망가지면 어때?'라는 배짱이 필요하다는 의미가 됩니다. 지나친 욕심을 부리지 말라는 말입니다.

'아이러니 효과'라는 것이 있습니다. 생각을 안 하려고 애쓸수록 생각이 더 나는 경우입니다. '떨면 안 돼, 떨면 안 돼' 하며 떨지 않으려고 무진 애를 쓸수록 더 떨리게 됩니다. 강의한다는 것은 심사를 받는 것입니다. 그것이 학교 강의와 다릅니다. 단시간에 승부를 걸며 수십 명 내지는 수백 명으로부터 심사를 받는 것입니다. 그러니 당연히 떨립니다. 35년 넘게 강의를 한 저도 떱니다. 그러니 너무 걱정하지 마세요. 모두 떱니다. 안 그런 척할 뿐이죠. 떨리는 것을 자연스러운 현상으로 받아들이세요. 누구나 떨고 있음을 안다면 좀 위안이 될 것입니다.

그 밖에 당신만의 비법이 있는가

강의 공포는 치명적일 수 있습니다. 떨림이 떨림을 낳게 되면 공포가 커집니다. 그렇게 되면 얼굴 붉어짐, 말더듬증, 청중 외면, 호흡곤란, 전방 안보임 등 악순환에 걸립니다. 그렇게 되면 당연히 강의를 망치게 됩니다.

강의 공포에 대해서는 수많은 사람이 처방을 내놓습니다. 하지만 오십보백보입니다. 들어보면 '에게…… 이 정도야?'라는 생각이 들 것입니다. 그렇더라도 잘 음미하면서 나름대로 방법을 찾기 바랍니다.

때로는 청중에게 "떨려 죽겠다"고 고백하는 것도 좋은 방법이 됩니다. 그러면 청중이 웃을 수 있습니다. 웃음이 빵 터지면 공포는 사라집니다. 또는 일부러 떨리지 않는 척 말하는 방법도 있습니다. '용기있는 척' '전혀 아무렇지도 않은 척'하면 정말 그렇게 된다는 것입니다. 청중은 당신이 프로 강사라고 생각하기에 떨 것으로 생각하지 않습니다. 그러므로 연단에 서면 절대로 당황하지 말고 청중을 한 사람 한 사람씩 분명히 바라보며 전혀 공포를 느끼지 않는 척해보기 바랍니다. 최대한 심호흡을 하며 일부러 태연한 태도를 보이세요. 청중을 여유 있게 휘둘러보며 말을 시작해보세요. 그러면 연단 공포는 충분히 극복됩니다. 청중은 당신을 자신감이 넘치는 연사로 보게 될 것입니다. 아무튼 당신 나름의 방법을 찾으세요. 앞에서 소개한 여러 방법을 조합해 이용하는 것도 좋을 것입니다.

세계적 프레젠테이션 전문가이자 강사인 가르 레이놀즈의 말을 소개하겠습니다. 명강사를 꿈꾸는 당신에게 도움이 되는 말일 것입니다.

"미칠 듯이 준비하고 연습함으로써 청중에게는 편안하고 자연스러운 모습을 보일 수 있다. 예행연습을 많이 할수록 더욱 자신감이 생길 것이고 청중이 보기에 더욱 편안해 보일 것이다."

강사의 기본자세

스피치 이론에 의하면 청중(또는 상대방)을 설득하는 데 내용이 차지하는 비중은 8퍼센트밖에 안 된다고 합니다. 나머지 92퍼센트 중 외모가 42퍼센트, '어떻게 말하는가' 하는 것이 50퍼센트를 차지한다고 합니다.

지는 그 말에 동의하지 않습니다. 그 징도로 내용의 비중이 적고 외모의 비중이 크다고는 생각하지 않습니다. 다만, 강의하면서도 외모라든가 자세, 말하는 태도가 적지 않은 영향을 미치는 것은 맞습니다. 외모나 태도가 천박하고 상스럽다면 당연히 명강사로 인정받기 어렵습니다.

설교를 잘한다는 목사가 있다고 해서 일요일을 택해 그 교회에 가본 적이 있습니다. 아닌 게 아니라 그런대로 설교 내용은 좋았습니다. 그런데 문제는 말하는 태도에 있었습니다. 말을 하면서 자기 스스로 흥에 겨워 몸을 부들부들 떨고 다리를 흔들었습니다. 강조할 때마다 뒤꿈치를 들었다 났다 했습니다. 신들린 듯이 머리를 마구 흔들기도 했습니다. 그 태도가 매우 신경이 쓰였습니다. 그래서 나중에는 내용보다도 자세 때문에 설교를 듣고 싶지 않게 될 지경이었습니다.

강의도 마찬가지입니다. 강사의 태도는 당연히 강의 효과와 관계가 있습니다. 즉, 강사가 어떤 표정, 어떤 자세로 강의하느냐에 따라 청중의 호감을 살 수도 있고 그렇지 않을 수도 있습니다. 또는 주의력을 집중시키기도 하고 반대로 주의를 산만하게 분산시키는 역할도 합니다. 강사의 이미지를 높이거나 실추시키는 작용을 하기도 합니다. 강의 태도는 그렇게 강의 효과에 영향을 미치는 것입니다. 프로 강사라면 어떻게 호감 가는 인상을 줄 것인지, 어떻게 안정감 있고 믿음이 가는 태도를 보여줄 것인지 신경 써야 합니다.

□□□ 당신의 용모, 태도가 강사로서 부적절하지는 않습니까? 좋지 않은 버릇이 있지는 않습니까? 잘생겼는지 아닌지를 말하는 것이 아닙니다. 남 앞에 서는 사람으로서 청중으로 하여금 신경 쓰이게 하는 태도는 반드시 고쳐야 합니다. 고쳐야 할 부분이 있다면 무엇입니까? 솔직히 기록해봅시다.

강의를 시작하는 요령

이것, 정말 중요한 이야기입니다. 프로 강사들이 강의를 망치는 경우가 있습니다. 그 주요 요인의 하나가 강의 시작을 잘못해서입니다.

"세 살 버릇 여든까지 간다"는 속담이 있습니다. 강의에서도 같은 의미의 말을 하고 싶습니다. 즉, 강의 시작 초반 3분의 '버릇'이 80분을 좌우한다는 것이 제 주장입니다. 그래서 강의를 할 때는 처음이 매우 중요합니다. 처음을 어떻게 시작하느냐에 따라 강의 전체가 좌우되기 때문입니다.

과욕은 금물

강단에 서서 수많은 청중을 압도하는 완벽한 명강의를 해보고 싶은 것은 전문강사가 아니라도 누구나 한 번쯤은 가져볼 만한 욕망입니다. 그러나 어떤 명강의라도 청중 중에서 시큰둥한 반응을 보이는 사람은 반드시 있게 마련입니다. 그러므로 모든 청중이 100퍼센트 환호하는 100점짜리 강의를 욕심내서는 안 됩니다.

지나친 기대와 욕심은 강의뿐만 아니라 만사에서 금물입니다. 자신이 생각하는 것, 그리고 말하고자 하는 바를 성실하고 겸손하게 전달하겠다는 담담한 마음가짐으로 강의에 임하는 것이 좋습니다. 그래야 오버하지 않습니다. 담담한 마음이 돼야 담담하게 시작합니다. 그래야 슬슬 강의가 풀립니다. 처음에 오버하면 그 '버릇'이 그대로 강의 전반을 좌우해 결국 강의를 망치게 됩니다.

이상하게도 '뭔가 보여주겠다'고 욕심을 크게 부리면 부릴수록 잘 풀리지 않는 것이 강의입니다. 당신은 지금까지 강의를 충분히 준비했습니다. 훌륭한 강의안을 만들었고 심지어 상상을 통한 강의 연습까지 마쳤습니다. 그렇다면 이제 그렇게 준비한 것을 온 힘을 다해 청중에게 전달하고 대화하겠다는 생각으로 강의에 임해야 합니다. 그래야 성공적인 강의를 할 수 있습니다.

느긋하게 시작하라

청중 앞에 서면 노련한 강사도 마음이 흥분되게 마련입니다. 강사는 낯선 청중과 대면하기에 그럴 수밖에 없습니다. 강단에 올라서서 청중을 바라보지만 청중 전체가 눈에 들어오지 않습니다. 그럴 때는 조급하지 말고 배짱 좋게 천천히 좌중을 휘둘러보기 바랍니다. 청중은 당신이 어떤 말을 할지 주목할 것입니다. 깊게 심호흡을 하면서 일부러 당당한 척하세요. 결코 서두를 필요가 없습니다.

눈이 마주치는 사람이 있으면 씽긋 웃어볼 필요도 있습니다. 그러면서 천천히 느긋하게 이야기를 시작합니다. 연출과 쇼맨십이 필요합니다. 그것이 강의 초입의 요령입니다.

인사말은 간단하게

강의를 시작하면서 장황한 인사말이나 중언부언하는 자기 소개는 금물입니다. 강사에 대한 소개는 강의를 진행하는 사회자가 이미 했을 것입니다. 그것으로 충분합니다. 요즘은 많은 강사가 파워포인트 등으로 자기소개서를 만들어 활용합니다. 그것까지야 말리지는 않겠습니다. 하지만 그 내용이 장황하면 문제가 있습니다. 장관 표창받은 것에서부터 어느 기업에서 강의한 것까지 줄줄이 소개하는 사람노 있습니다. 그런데 '결정적인 경력'이 아니면 오히려 초라해 보입니다.

강사 중에는 자기 이름을 3행시로 지어 해설하는 사람도 있습니다. 청중으로 하여금 이름을 잘 기억하게 하는 전형적인 방법입니다. 그렇게 할 수는 있습니다. 그러나 짧게 그쳐야 합니다. 강의 초반에 아이스브레이크의 한 방편으로 재미있게 인사말을 함으로써 분위기를 잡고 청중의 호감을 얻는 정도에 머물러야 합니다. 별 볼일 없이 자기소개와 인사말이 길어지면 처음부터 강의의 김을 빼는 것이 돼 좋지 않습니다.

특별히 자기를 소개할 것이 있다면 강의를 시작할 때 하기보다는 강의 도중에 강의 내용과 자연스럽게 연결해 말하는 것이 요령이고 기법입니다. 예를 들면 "제가 작년 11월, 워싱턴 대학에서 이 문제에 관해 깊이 연구할 때" 하는 식으로 강사 자신에 관한 내용을 슬쩍 삽입하는 것입니다. 자기 소개가 한결 자연스럽습니다.

반드시 아이스브레이크를 하라

아이스브레이크는 말 그대로 얼음을 깨뜨리는 것입니다. 장기간에 걸쳐 시행되는 학교 강의가 아니라면 강사가 강단에 서는 순간 대부분은 분위기가 냉랭합니다. 우리나라 청중은 낯선 사람에게 낯가림을 심하게 합니다. 일반적으로 그렇습니다. 이렇게 '처음 만난 사람들끼리 서먹서먹함을 없애거나 딱딱한 분위기를 풀어 친밀도를 높이기 위해 하는 것'이 바로 아이스브레이크입니다.

강의할 때 아이스브레이크는 필수입니다. 특히 점잖은 청중에게 이것 없이 강의에 들어갔다가는 대부분 실패합니다. 저는 이런 경우를 많이 당해봤습니다. 그러기에 아이스브레이크의 필요성을 뼈저리게 느끼며 강조합니다. 다음은 제 책 『한바탕 웃기기』에 소개된 아이스브레이크의 전형입니다.

"부산 영도구청 대강당. '행복영도 아카데미' 강의가 있었다. 영도구청이 주관해 실시하는 주민 대상 교육 프로그램이다. 구청장이 직접 강사 소개를 하러 강단에 오른다. 그러자 강당을 가득 채운 400여 명의 청중(주민)이 구청장을 향해 환호했다.

'호의! 호의!'

이게 웬일? 지금까지 수많은 강의를 해봤다. 하지만 지방자치단체장이든 기업의 CEO든 청중으로부터 그런 환호를 받으며 등단하는 이는 처음 봤다. 그 환호는 글자 그대로 '好意, 好意'로 들렸다. 구청장에 대한 주민의 '호의'와 따뜻한 정이 그대로 느껴진다. 환호를 받던 구청장은 빙그레 미소를 지으며 마이크 앞에서 천천히 입을 연다.

‘오늘도 귀한 강사님을 모셨습니다. 아주 즐겁고 행복한 시간입니다. 자! 먼저 웃고 시작합시다.’

그러더니 느닷없이 ‘3초간 웃기!’라고 큰소리로 구령을 외친다. 그러자 청중이 기다렸다는 듯이 구청장의 명령에 따라 자지러지게 웃어댄다. 3초쯤 지나서 웃음이 잦아들자 곧이어 다음 명령이 떨어졌다.

‘다음은 마음껏 웃기!’

이번에는 더 큰 웃음소리가 강당에 넘쳐난다. 정말이지 웃기는 풍경이다. 재밌다.”

이쯤 되면 청중은 완전히 무너집니다. 아이스는 브레이크가 이뤄졌습니다. 분위기는 당연히 ‘짱’입니다. 제 강의의 아이스브레이크는 구청장이 다 해줬으니 저는 그것에 이어 부드럽게 시작하면 됩니다. 그날의 강의가 어땠을지는 상상에 맡깁니다.

당신은 당신 나름의 아이스브레이크 노하우를 갖고 있어야 합니다. 어떤 멘트를 날려 당신과 청중 사이의 ‘얼음’을 깰 것인지 작전을 세워야 합니다.

□□□ 당신은 아이스브레이크를 합니까? 지금까지 별로 안 했다면 반드시 하도록 합니다. 하고 있다면 주로 어떤 방식을 사용하는지, 앞으로 사용할 것인지 기록해봅시다.

처음에 흥미를 이끌어내라

아이스브레이크는 간단하게 합니다. 때로는 단 한마디의 말로 할 수도 있습니다. 그 기법을 배우려면 많은 강의를 들어봐야 합니다. 다른 강사들의 방법 중에서 유효하다는 것을 골라 그대로 해보면 됩니다. 재주가 없으면 남의 것을 모방해 자기의 것으로 만드는 것도 지혜입니다.

아이스브레이크가 끝났으면 이제부터가 중요합니다. 계속 '장난'만칠 수는 없습니다. 강의에 들어가야 하는데 처음의 내용을 무엇으로 할 것인지 정해야 합니다. 화두를 무엇으로 삼느냐에 따라 청중의 집중도가 달라질 것은 분명합니다.

따라서 아이스브레이크가 끝난 후 강의를 시작할 때 어떤 이야기로 말문을 열 것인지 세밀한 계획을 세워야 합니다. 청중의 수준과 강의 분위기를 고려해 무슨 말을 하면 청중이 호감을 느끼고 강의에 귀를 기울일 것인지 작전을 세울 필요가 있습니다. 이를 위해서는 다른 강사들이 처음에 어떻게 시작하는지 많이 듣고 볼 필요가 있습니다.

•강의 초입에 청중의 주의를 집중시키는 요령•

- 어떻게 하면 강의 초입에 청중의 주의를 집중시킬 수 있는지 깊이 궁리해 청중이 강사에게 몰입하도록 하십시오.
- 강의의 처음을 사건이나 실례로 시작하는 것이 좋습니다. 반드시 그렇게 하도록 하십시오. 실화를 인용해서 이야기를 시작하는 것보다 더 강력한 방법은 없습니다.
- 강의 첫머리에 청중이 귀를 쫑긋 기울일 충격적인 사실을 말함으로써 서스펜스를 조성하는 것도 요령입니다.
- 강사의 후광 효과를 높일 수 있고 청중의 주의를 집중시킬 수 있는 자기 소개가 가능하다면 그렇게 하는 것도 좋습니다.
- 모두(冒頭)를 길게 끌 필요는 없습니다. 단도직입적으로 이야기의 핵심으로 뛰어들어보세요. 그럼으로써 청중의 관심을 잡아끄는 성공적인 모두를 만들 수 있습니다.

이야기하듯 말하라

●

제 친구 M은 몇몇 사람과 어울려 대화할 때 좌중을 휘어잡을 정도로 언변이 뛰어납니다. 그런데 그는 강의를 못합니다. 언젠가 그가 강단에 섰을 때 그를 아는 모든 이가 크게 실망한 적이 있습니다. 강의를 시작하자 예전의 그가 아니었습니다. 평소의 대화법에서 벗어나 전혀 엉뚱한 화법을 구사했습니다. 갑자기 말하는 스타일이 무미건조한 훈계조로 바뀌었습니다. 강의의 기본 원리를 몰랐던 것 같습니다. M의 경우, 원래 대화를 잘 이끌어가는 사람입니다. 그러므로 강의의 원리를 알고 조금만 다듬으면 금세 좋은 강사가 될 수 있을 것입니다. 주위를 살펴보면 M과 같은 사람이 의외로 많습니다. 대화는 잘하는데 강의는 전혀 못하는 사람 말입니다. 어쩌면 당신도 그럴지 모릅니다.

우리가 친구들과 대화를 할 때 어떻게 하는지 한번 돌아보기 바랍니다. 동료와 대화하면서 곤란을 느낄 정도로 말을 못하는 사람은 별로 없습니다. 대다수 사람이 '낄낄낄' 웃겨가며 대화를 잘 이끌어갑니다. 이 말을 뒤집어봅시다. 대다수 사람이 강의를 잘할 수 있는 기본을 갖췄다는 의미가 됩니다.

강의의 화법은 '대화 스타일'입니다. 대화 스타일이란 일대일로 말할 때의 화술, 한 사람에게 무엇인가 '이야기를 들려줄 때의 화법'입니다. 청중의 수가 많다고 해서 말하는 스타일까지 달라지는 것은 아닙니다. 청중과 일대일로 대화를 하듯, 이야기를 들려주듯 말합니다. 단지 쌍방의 대화가 아니라 일방적인 대화일 뿐입니다. 이야기를 들어주는 상대가 좀 많은 것이 일반 대화와 다를 뿐입니다.

물론 청중의 수가 많다 보니 완벽한 일대일 대화술과는 차이가 납니다. 한 사람을 설득하거나 한 사람에게 호소하거나 한 사람에게 이야기를 들려줄 때의 화법은 여러 사람을 설득하고 여러 사람에게 호소하고 여러 사람에게 이야기를 들려줄 때의 화법과 당연히 다릅니다. 목소리의 크기도 다르고 어조도 다르며 열성도 다를 수밖에 없습니다. 그러므로 강의 기법에서 말하는 '대화식'이란 엄밀히 말하면 '강의형 대화식'입니다.

한 사람과 대화를 할 때는 목소리나 어조가 분명하지 않고 우물우물 넘어가도 의사소통에 전혀 지장이 없습니다. 말의 높낮이나 변화가 없어도 상관없습니다. 말의 속도가 빨라도 됩니다. 그러나 다수의 청중을 대상으로 하는 강의형 대화는 다릅니다. 목소리, 어조, 말의 변화, 빠르기 등 여러 사람이 충분히 알아듣고 설득당할 수 있을 만큼 '다듬어진 대화법'이어야 합니다.

그럼에도 "일대일로 대화하듯 하라"는 것은 감격조나 웅변조로 포효절규하지 말라는 것을 강조하기 위함입니다. 앞의 M처럼 설교조나 훈계조로 어투를 바꾸지 말라는 말입니다. 무슨 말인지 아시겠습니까? 오늘날 가장 바람직한 스피치 형태는 자연스러운 대화식, 스토리텔링식 스피치입니다. 웅변대회에서조차 대화식 웅변이 주목을 받습니다. 하물며 강의에 있어서야 말할 것도 없습니다.

많은 청중 앞에 서면 자칫 착각을 일으키기 쉽습니다. 즉, 모든 청중을 대상으로 자기 육성을 직접 전달하려고 합니다. 그러다 보니 부지불식간에 목청을 돋워 소리치듯 강의를 하게 됩니다. 당신의 말을 모든 청중이 들을 수 있도록 크게 전달하느냐 마느냐는 당신의 몫이 아닙니다. 마이크와 스피커의 몫입니다. 이 점을 잊지 마세요.

청중이 많아도 말이란 듣는 사람과 말하는 사람의 일대일의 관계입니다. 그러므로 평소 대화할 때의 분위기를 그대로 유지하십시오. 다만 여러 사람이 알아듣기 쉽게 열정을 담아 대화한다는 기분으로 말하십시오. 그것이 '강의형 화법'의 요령입니다. 강의가 시작되면 그렇게 말을 하며 이야기를 풀어가면 됩니다.

스토리텔링 기법을 활용하라

지금은 스토리 시대입니다. TV 강의 프로그램에 출연해 강의하는 사람들은 거의 모두가 자신의 스토리로 강의합니다. 취업 면접에서도 자신을 어떻게 스토리텔링하느냐에 따라 합격 여부가 결정됩니다. 제품의 PR도 소비자의 감성을 자극하는 스토리로 광고합니다.

스토리텔링이란 잘 아는 바와 같이 '스토리story'와 '텔링telling'의 합성어입니다. 상대방에게 알리고자 하는 바를 재미있고 생생한 이야기로 설득력 있게 전달하는 것을 말합니다. 그런데 강의에서 말하는 스토리텔링은 두 가지 의미가 있습니다. 첫째, 강의 내용에 당신의 스토리가 녹아 있게 하라는 의미입니다. 둘째, 강의 자체에 스토리텔링 기법을 도입하라는 것입니다. 스토리텔링 기법을 당신에게 명확히 각인시키기 위해 제가 즐겨 사용히는 '1·2·3·4·5법'으로 설명하겠습니다.

1: 일화로 풀어가라

이론을 공개하는 학자들에 대한 강의가 아닌 한 모든 강의는 이야기로 풀어가는 것이 좋습니다. 사건과 사연이 있는 하나의 '일화'로 시작하고 그것으로 이야기를 전개하는 것이 명강의를 위한 좋은 기법이 됩니다.

설령 전문적인 학자들의 강의라도 일화가 소개될 때 사람들은 흥미를 갖습니다. '이론'이라면 저절로 졸음이 옵니다. 앞의 4단계, '콘텐츠 만들기'에서 에피소드에 대해 상세히 소개했습니다. 바로 그것이 일화로 풀어가는 요령입니다. '에피소드'에 대해서는 그곳에서 다뤘으므로 여기서는 이쯤 하겠습니다.

2: 이야기 화법으로 말하라

'이야기 화법'은 우리가 어린 시절 부모에게서 듣던 화법입니다. "옛날 옛적에~", 어머니가 그렇게 이야기를 시작하면 어린 자식들은 눈을 반짝입니다. 이야기 화법은 즉 구연 화법입니다. 동화, 야담, 만담 따위를 여러 사람 앞에서 말로써 재미있게 이야기하는 화법 말입니다.

당신에게 얽힌 일화뿐만 아니라 강의 내용에 등장하는 사건과 사례 등을 강의할 때는 그렇게 구연 화법을 구사하는 것이 스토리텔링 기법입니다. 이야기 화법을 동원하면 자연스럽게 다음에 소개할 '삼삼한 화법'이 되게 마련입니다.

3: 삼삼하게 표현하라

예화, 경험담, 에피소드, 사건과 사례를 이야기 화법으로 말한다고 해서 모두 재미있는 것은 아닙니다. 똑같은 사례를 갖고도 어떤 강사는 청중의 관심을 집중시키는데 어떤 강사는 전혀 효과를 보지 못합니다. 하품을 몰고 옵니다.

스토리텔링의 이야기 화법은 삼삼하게 표현하는 것이 핵심입니다. 삼삼하게 표현한다는 것은 강사의 이야기가 청중의 머릿속에 그림을 그리듯이 상상이 되는 표현입니다. 눈앞에 삼삼하게 떠오르게끔 표현하는 것입니다. 영화 같은 동영상이나 화면이 아님에도 청중이 강사의 이야기에 눈물을 흘리고 박장대소합니다. 강사의 이야기를 청중이 그림처럼 상상하기 때문에 가능합니다. 명강사들은 삼삼한 표현에 능수능란합니다. 삼삼한 표현에도 요령이 있습니다.

첫째, 구체적으로 세부묘사를 해야 합니다. 육하원칙에 따라 예화를 구체적으로 묘사해야 실감이 납니다. 등장하는 사람이 있다면 그 사람이 어떤 사람인지 세부묘사를 해서 인간미를 불어넣어야 합니다. 인간미가 있는 이야기여야 호소력이 있게 됩니다.

또한 생생한 말투로 표현된 세밀한 묘사는 사례를 다시 재현시키는 효과를 얻게 됩니다. 청중이 그것을 실제로 보는 듯한 느낌이 들게 하고 그 현장에 있는 것 같은 느낌이 들게 합니다. 하지만 역효과가 날 수도 있습니다. 그림을 그리듯이 청중의 시각적 상상력을 자극하며 세부적으로 묘사하되 그것이 지나쳐서 무의미하고 관계가 없는 이야기를 길게 늘어놓으면 안 됩니다. 절제된 세부묘사가 요령입니다.

둘째, 직접대화체를 써서 이야기를 극적으로 만듭니다. 직접대화체를 사용하라는 것은 사례에 등장하는 인물들이 했던 말을 그대로 흉내 내듯이 재현하라는 것입니다. 직접대화체를 사용해 경험을 생생하게 묘사함으로써 강사는 자신이 묘사하고 있는 경험을 다시 한 번 체험하게 됩니다. 그럼으로써 이야기는 더욱 흥미진진해집니다.

셋째, 말하고자 하는 상황을 그림처럼 떠올리게 하는 구체적이고 친숙한 단어를 사용해야 합니다. 친숙한 단어란 일상사에서 사용하는 단어입니다. 책에서 사용하는 말이나 학자들의 학술발표회에서 사용하는 고상한 용어가 아니라 생활용어입니다. 명강사 중에 가끔 비속어를 사용함으로써 청중의 공감을 얻기도 하는 분들이 있습니다. 그런 것이 바로 친숙한 생활용어를 구사하는 기법입니다. 그렇다고 꼭 비속어만이 생활용어라는 의미는 아닙니다. "미친년 널뛰듯 한다"는 등 예로부터 전해오는 속담이나 토속적 표현은 대부분 시각적 암시를 하는 구체적이고 친숙한 표현입니다.

넷째, 당신의 몸 전체가 강의 도구라고 생각하고 그것을 최대한 활용해야 합니다. 말로 표현한 세부묘사를 표정 연기, 몸짓 연기, 흉내내기 등을 통해 선명한 상황으로 재현해야 스토리텔링 효과가 높아집니다. 부부싸움을 이야기하는 경우를 예로 들어봅시다. 부부간에 오가는 험담을 직접대화체로 생생하게 재현함은 물론 표정, 몸짓으로 그 싸움을 완벽하게 극화시켜 눈에 삼삼하게 해야 합니다.

4: 서스펜스와 스릴이 있게 하라

예전에 극장에서 예고편을 보면 어김없이 등장하는 홍보 멘트가 있었습니다. "스릴과 서스펜스!" 운운하는 것입니다. 그것은 무엇을 의미합니까? 스토리(영화)란 곧 흥분, 설렘, 아슬아슬함, 긴장 그리고 역전이 그 핵심이라는 의미가 됩니다.

강의도 마찬가지입니다. 이야기를 삼단논법으로 논리적으로만 풀어나가면 그야말로 지루해집니다. 같은 스토리를 전개하더라도 말을 어떻게 하느냐에 따라 청중에게 기대감을 주고, 집중하게 하고, 아슬아슬한 긴장을 주고, 때로는 뒤집음(역전)으로써 뒤집어지게(충격적 웃음) 하는 것입니다.

다음의 이야기는 제 책 『한바탕 웃기기』에 소개한 것입니다. 똑같은 이야기라도 어떻게 말하면 서스펜스와 스릴이 있게 되는지를 잘 보여줍니다. 당신의 강의 내용을 잘 검토해 어떻게 스토리텔링하면 서스펜스와 스릴이 듬뿍 담기게 할 것인지 궁리하기 바랍니다.

"제가 스물여섯 살이었을 때, 첫 직장을 잡아 ○○시에서 하숙을 하게 됐습니다. 그런데 그 하숙집에 초등학교 3학년생인 아홉 살짜리 예쁜 딸아이가 있었습니다. 그 아이는 저를 무척 따랐고 저도 그 녀석을 무척 귀여워했습니다. 그러던 어느 날……."

이렇게 말하면 지극히 평범한 구성이 됩니다. 그러나 다음과 같이 하면 전혀 달라집니다. 머릿속에 상황을 상상하며 음미해보기 바랍니다.

"제가 고백 하나 하죠. — (도입, 흥미 유발, 주의 집중)

젊은 시절, 제가 첫 직장을 잡아서 ○○시에서 하숙생활을 하던 때의 이야깁니다. 그 하숙집에 딸이 하나 있었습니다. 기가 막힌 미인이었어요. 그런데 그 하숙집 딸이 저를 무척 좋아하는 겁니다. — (흥미 고조, 긴장)

물론 저도 그녀를 좋아했죠. 그때 제 나이 스물여섯, 그리고 그녀는 초등학교 3학년인 아홉 살이었어요." — (반전, 폭소)

5: 오! 감동과 교훈을 이끌어내라

강의에 스토리텔링 기법을 적용하라는 것은 결국 청중으로 하여금 "오!" 하는 감동을 이끌어내고 그것으로부터 마음에 울림을 주는 교훈을 얻게 하기 위해서입니다. 거꾸로 생각해보면 이런 말이 됩니다. 강의하면서 어떻게 해야 청중에게 감동과 교훈을 줄 것인지 깊이 연구하게 되면 자연스럽게 스토리텔링을 하게 된다는 말입니다. 그러면 자연스럽게 위에서 권한 '1·2·3·4'의 요령을 적용할 수밖에 없습니다.

명강사가 되기를 원하십니까? 명강의이기를 바랍니까? 그렇다면 아무쪼록 스토리텔링 기법을 익히기 바랍니다. 요즘의 대세는 스토리텔링입니다.

화법을 바꿔라

●

"음악가는 스스로 감동하지 않으면 다른 사람들을 감동하게 할 수 없다. 그는 자신이 청중에게 불러일으키고자 하는 모든 감정을 스스로 느낄 수 있어야 한다. 자신이 기분을 드러내야만 듣는 사람들 사이에서 유사한 기분이 자극되기 때문이다."

음악의 아버지라 불리는 바흐의 둘째 아들이며 명연주자 겸 작곡가였던 C. P. E. 바흐가 한 말입니다.

강의도 마찬가지입니다. 강사 자신이 자기 이야기에 감동할 수 있어야 청중을 감동하게 합니다. 그러려면 화법을 바꿔야 합니다. 명강의를 하려면 명강의에 적합한 화법이 있습니다. 앞에서 말했듯이 대화하듯 이야기하듯 말해야 합니다. 그래야 청중의 마음을 움직일 수 있습니다.

강의하려는 사람에게 제가 늘 강조하는 말이 있습니다. 세 가지 화법만은 버려야 한다고. 그 세 가지란 '설교 화법' '프레젠테이션 화법' '내빈 화법'입니다. 이 세 가지 화법을 고수하는 한 청중의 마음을 움직이는 명강의는 불가능하다는 것이 제 믿음입니다.

설교 화법으로는 안 된다

저는 가끔 교회에 갑니다. 여러 교회를 다녀봅니다. 그리고 TV를 통해 목회자들의 설교도 경청합니다. 이 책을 쓰는 동안에는 더욱 그랬습니다. 왜 그렇게 목회자들의 설교를 들으려 하나요? 강의에 참고할 좋은 정보를 얻을 수 있기 때문입니다. 물론 많은 분의 설교는 제가 평가하기에 송구스러울 만큼 탁월합니다. 많은 것을 배웁니다. 그러나 미안하게도 '저건 아닌데……' 싶을 만큼 잘하지 못하는 분도 적지 않습니다. 그런 경우를 접하면 답답해집니다. 저 좋은 내용으로 왜 저렇게 이야기를 풀어가는지 말입니다.

그 결정적 결함이 바로 '설교 화법'으로 말한다는 것입니다.

"설교를 설교 화법으로 하지 어떻게 하란 말이냐?"

"설교 화법이 뭐냐?"

이렇게 반문하는 사람이 있을 것입니다. 우선 오해가 없기를 바랍니다. 설교는 말 그대로 종교의 교리를 설명하는 것입니다. 그런데 제 경험으로는 설교에 두 가지 유형이 있는 것 같습니다. 첫째는 무미건조하고 딱딱하게 성경의 내용을 가르치고 설명하려는 화법입니다. 둘째는 유연하게 이야기하듯 재미있게 말하는 화법입니다. 제가 말하는 설교 화법이란 바로 첫번째 화법입니다. 이름난 목사님들은 하나같이 두 번째 화법을 구사합니다.

설교 화법을 구사하는 목회자를 보면 청중(신도)의 마음을 붙잡지 못합니다. 목회자 혼자서만 열성적입니다. 몸을 흔들며 열심히 설명합니다. 하지만 청중은 무덤덤합니다. 명강의를 하려는 사람이라면 절대로 설교 화법을 구사해서는 안 됩니다.

프레젠테이션 화법으로는 안 된다

여기서 제가 말하는 프레젠테이션 화법 역시 전통적 화법입니다. 프레젠테이션의 의미는 '설명' '발표'입니다. 스티브 잡스의 프레젠테이션이 호응을 얻고 유명해진 것은 이유가 있습니다. 전통적인 설명법, 전통적인 발표법을 뛰어넘어 이야기 화법을 구사했기 때문입니다. 사정이 그럼에도 설교 화법이나 프레젠테이션 화법이 먹혀들어간 것은 청중이 '자발적'이라는 데 있습니다. 스스로 듣기 위해 그 자리에 있는 사람들입니다. 그러니까 무미건조해도 귀를 기울입니다.

그러나 일반 강의의 청중은 자발적인 경우가 별로 없습니다. 동원된 경우가 대부분입니다. 의무적으로 강의를 들어야 하는 경우가 많습니다. 그런 청중을 대상으로 밋밋하게 설명한다? 그러면 당장 청중의 마음이 떠나버립니다. 따라서 당연히 유연하고 변형된 강의식 화법을 동원해야 합니다. 앞으로는 프레젠테이션이라고 하더라도 강의식 화법이어야 청중의 공감을 살 수 있습니다.

내빈 화법으로는 절대 안 된다

내빈 화법? 처음 듣는 말일 것입니다. 당연합니다. 제가 명명한 것이니까요. '내빈 화법'이란 국가기관이나 지방자치단체, 각급의 거창한 단체가 주관하는 행사에서 소위 내빈으로 초청받은 사람들이 하는 인사말, 격려사, 축사 따위를 할 때 쓰는 화법입니다.

"존경하는 내빈 여러분! 그리고 주민 여러분!"

이렇게 시작하는 연설을 들은 경험이 있을 것입니다. 이제 감이 잡힙니까? 내빈 화법이 어떤 것인지 말입니다.

그렇게 원고를 읽는 것 같은 화법, 딱딱하고 무미건조한 내빈 화법으로는 죽었다 깨도 명강의는 안됩니다.

"설교 화법, 프레젠테이션 화법, 내빈 화법의
공통점이 무엇인지 감이 잡혔을 것이다.
만약 당신의 강의 화법이 그것을 닮았다면 즉시 고쳐야 한다.
그런 화법으로는 명강의가 불가능하기 때문이다."

연기력, 쇼맨십이 필수다

연단은 강사의 무대이자 고유 영역입니다. 그러므로 강사는 연단을 잘 활용하고 연단 위에서 적절한 연출을 통해 강의 효과를 높일 수 있어야 합니다. 그래서 강사에게는 연기력과 쇼맨십이 필요합니다. 아니, 필수입니다.

훌륭한 명강사는 거의 모두가 연극적 능력을 발휘합니다. '무대 위'의 관리에 능합니다. 그런 능력은 타고나기도 하지만 노력으로 얼마든지 계발됩니다. 실제로 강사를 양성하는 과정에서 영화나 연극의 대본으로 훈련을 많이 합니다. 극적 에피소드에 전적으로 자신을 투입해 연기하도록 합니다. 청중 앞에서 자기 자신의 껍질을 벗어버리는 것을 익히게 되면 명강의를 하는 데 분명히 도움이 됩니다.

어떤 화술전문가는 강의 기술을 배우려면 먼저 댄스부터 배우라고 말합니다. 그 말에 전적으로 동의합니다. 실제로 저는 심심하면 인터넷을 뒤져 동영상을 보며 최근에 유행하는 춤을 혼자 해보곤 합니다. 심지어 싸이의 '말춤'도 전문가에게 배웠습니다.

무대 위에 올라선 배우와 같이 청중을 향해 연기하는 것이 강의입니다. 강사 특유의 화법을 자연스럽게 구사하되 강의 내용에 따라 어조에 변화를 줘야 합니다. 때로는 격렬하게, 때로는 장중하게, 때로는 속삭이듯, 때로는 박진감이 넘치게 말입니다. 그에 덧붙여 적절한 표정 연출과 제스처도 필요합니다. 유머를 할 때는 능글맞은 표정도 지어야 합니다. 어떤 모습을 흉내 낼 때는 그에 맞춰 제스처를 합니다.

춤을 추기도 하고 노래를 부르기도 합니다.

그렇다고 해서 너무 오버하거나 경박한 인상을 주면 안 됩니다. 강의하기 위해 '그 짓'까지 해야 하느냐고 청중이 측은하게 생각한다면 연기력에 문제가 있는 것입니다.

"명강사가 되려면 반드시 화법을 고쳐야 하고,
쇼맨십을 키워야 한다."

제스처를 활용하라

"몸은 입보다 더 많은 말을 한다"는 이야기가 있습니다. 그만큼 강의나 스피치에 있어서 제스처는 중요합니다. 제스처는 보디랭귀지로서 의사표현의 직접적인 수단이 되기도 합니다. 때로는 간접적인 의사보충 효과를 나타내기도 합니다.

제스처는 연기력을 보여주는 바로미터입니다. 미국에서는 TV 토크쇼의 사회자를 결정할 때 이렇게 한다고 합니다. 사회자의 말소리를 완전히 죽이고 말하는 모습만 보는 것입니다. 그 모습이 재미있어 30초 안에 볼륨을 높이고 싶은 마음이 생겨야 그 사회자를 선발한다고 합니다. 그만큼 몸짓 연기가 중요하다는 말입니다.

□□□ 당신은 쇼맨십이 있습니까? 연기력을 발휘합니까? 그것을 위해 어떤 노력을 하는지 기록해봅시다.

____

____

· 제스처의 요령 ·

- 손을 마구 휘두르는 것과 같이 무의미한 제스처의 남용은 금물입니다. 그것만은 꼭 지켜야 합니다.

- 강의 내용에 맞춰 때로는 부드럽고 때로는 강렬한 몸짓이 조화를 이루도록 합니다.

- 제스처는 생동적이고 활기차야 합니다.

- 너무 가볍게 촐랑거려서는 안 됩니다.

- 일정한 제스처를 반복해서는 안 됩니다. 강의 내용에 맞춰 표정과 동작에 다양한 변화를 줘야 합니다.

- 제스처는 청중의 규모와 어울려야 합니다. 많은 청중을 상대할수록 제스처를 크게 사용합니다. 그러나 부자연스러울 정도로 과장된 몸짓을 해서는 안 됩니다.

- 제스처를 쓰다가 중간에 그쳐서는 안 됩니다. 일단 제스처를 시작했으면 끝을 내야 합니다.

• **기본 제스처**

별다른 의미 없이 분위기 변화를 위해 사용하는 제스처입니다.

• **직접모방 제스처**

사물이나 동작을 직접 흉내 내는 제스처입니다.

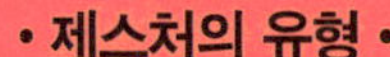

• 제스처의 유형 •

- **감정 표현 제스처**

  강사의 감정 상태를 나타내는 제스처입니다. 가장 많이 사용됩니다.

- **상징 표현 제스처**

  말하고자 하는 대상의 기호나 특징을 나타내는 제스처입니다.

당당하면서도 겸손하라

사람의 처신에서 진실이나 성실성만큼 중요한 것은 없습니다. 강의에서도 그대로 적용되는 원칙입니다. 명강사란 강의 내용만 가지고 되지 않습니다. 강사의 뛰어난 인품이 청중에게 전달될 수만 있다면 설령 강의 기법은 뛰어나지 않더라도 청중에게 감명을 줄 수 있습니다.

예를 들어 인도의 간디나 테레사 수녀가 강의한다면 지금까지 언급한 강의 기법이 필요 없을지도 모릅니다. 인품 자체에 매료될 것이기 때문입니다. 그만큼 강의의 효과를 높이는 데는 강사의 품격과 몸가짐도 한몫합니다. 보통의 강사로서 그런 것을 보여줄 수 있는 제일 나은 방법 하나가 겸손한 태도를 보이는 것입니다. 청중에 대해 우월감을 과시하면 반드시 반감을 사게 됩니다. 반면에 겸손한 태도는 신뢰감과 호의를 불러일으킵니다.

청중을 깔보는 식으로 강의하는 것은 금물입니다. 청중의 집단성격이 낮게 보이더라도 그중에는 엄청난 고수가 있음을 알아야 합니다. 수백 명의 청중 중에 그런 사람이 단 한 사람이라도 있다면 그 강의는 조심스러울 수밖에 없습니다. 아니, 청중의 수준이 높든 낮든 그들을 존중하는 겸허한 자세를 견지해야 합니다. 그것이 명강사다운 강의 태도입니다. 그렇다고 청중에게 굽실거리는 인상을 주는 것은 당연히 좋지 않습니다. 해박한 지식과 충실한 강의로 종횡무진 청중을 사로잡되 끝까지 겸허한 자세를 유지해야 합니다. 그래야만 당신은 정말 멋진 명강사가 됩니다.

청중을 보며 말하라

●

프로 강사라 하더라도 막상 강단에 서면 생소한 분위기로 약간은 당황스럽고 떨립니다. 처음에는 그렇습니다. 수줍음 많은 강사라면 더욱 그럴 수 있습니다. 그런 상황에서 부담스러운 것 하나가 시선 처리입니다. 시선을 어디에 둬야 할지 몰라 혼란스런 모습을 보일 수 있습니다.

하지만 강사는 청중 앞에 서면 당당하게 의도적으로 청중을 똑바로 봐야 합니다. 의도적으로 말입니다. 청중으로부터 눈을 떼면 안 됩니다. 물론 날카롭게 뚫어지라 쳐다봐서는 안 됩니다. 미소 띤 얼굴과 선한 눈빛이어야 합니다.

눈으로 말하라

●

창밖을 내다보거나 맨 뒤쪽의 벽 또는 천장 등에 시선을 둔다든가 특정한 사람에게만 시선을 보내서는 안 됩니다. 청중을 보는 것처럼 정면을 응시하십시오. 하지만 초점 없이 허공에 시선을 둬서도 안 됩니다. 청중과 시선을 일치시킴으로써 청중의 주의를 집중시키고 분위기를 몰아갈 수 있어야 합니다.

청중과 일대일로 말하듯이 하면서 모든 청중을 골고루 살펴보듯이 시선을 고르게 주면서 강의해야 합니다. 이상적으로 말하자면 강의 시간의 90퍼센트는 청중에게 눈이 가 있어야 합니다. 나머지 10퍼센트는 강의안, 자료, 칠판 등에 시선을 보내야 합니다.

그렇게 하려면 이렇게 하면 됩니다. 강의안을 슬쩍 보고 오른쪽에서 왼쪽으로 서서히 눈을 옮기면서 청중을 봅니다. 또 자료나 칠판이나 강의안을 한 번 보고 왼쪽에서 오른쪽으로 시선을 옮기면서 청중을 봅니다. 그렇게 맨 앞줄에서 뒷줄로, 다시 맨 뒷줄에서 앞줄로 시선을 옮기는 식으로 하면 됩니다.

그때 중요한 것이 있습니다. 그냥 흘낏 지나가는 눈빛이 아니라 청중 한 사람 한 사람에게 개인적으로 이야기를 들려주듯이 하는 것입니다. 상대방의 영혼을 터치하고 이끄는 시선 접촉을 해야 합니다. 쉬운 일이 아닙니다. 꾸준한 훈련이 필요합니다. "눈으로 말해요"라는 노랫말은 강사에게도 해당합니다.

□□□ 당신은 청중과 고르게 눈을 맞춥니까? 눈으로 말합니까?

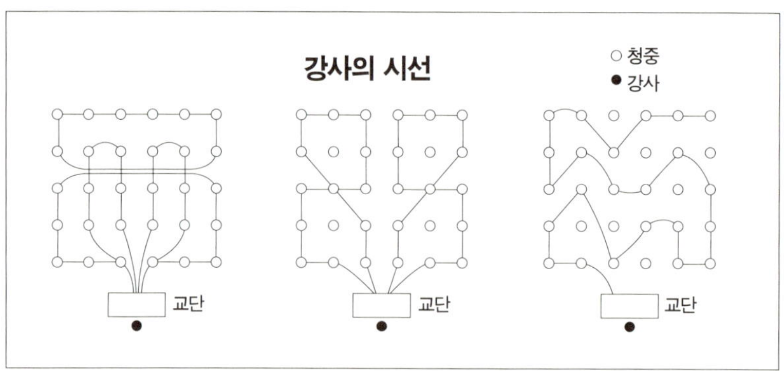

말투를 잘 선택하라

제가 수많은 경험과 실험을 통해 터득한 것이 있습니다. 강의 대상자나 분위기상 재미있는 강의를 하고 싶으면 말투가 재미있게 시작돼야 한다는 것입니다. 유머러스한 강의를 하고 싶으면 말투가 능글능글 유머러스해야 합니다. 말의 내용이 유머러스해야 함은 물론이고 말투조차 유머러스해야 한다는 것이 무슨 의미인 줄 아시겠습니까? 반드시 그래야 합니다. 말투가 강의 분위기를 절대적으로 좌우합니다.

만약 심각한 분위기, 엄숙한 분위기로 이끌고 싶으면 말투가 심각하고 엄숙하게 나가야 합니다. 이 점을 잊지 마세요. 이와 관련해 또 한 가지 터득한 것이 있습니다. 말투에도 '관성의 법칙'이 적용된다는 것입니다. 처음에 강의를 진지하고 엄숙한 말투로 시작하면 중간에 말투를 바꾸기 어렵습니다. 거의 불가능할 정도로 힘듭니다. 그렇게 진지한

관성이 작용하면 청중의 뇌에는 유머가 작동하지 못합니다. 설령 웃기려고 해도 청중은 이미 '진지함'에 걸려들어서 잘 웃지를 않습니다.

꼭 분위기를 바꾸고 싶으면 휴식 시간을 갖는 것이 요령입니다. 우리는 흔히 50분 강의를 하고 10분 쉽니다. 관행입니다. 저는 강의 분위기를 바꾸려고 할 때 30~40분 만에도 휴식을 선언합니다. 그 대신 그다음 시간에 좀 더 길게 강의하면 됩니다. 고정된 관념을 버리고 발상을 바꾸면 간단히 해결됩니다. 10분 정도 휴식 시간을 가짐으로써 앞 시간의 진지함을 단절시키는 것입니다. 그리고 휴식이 끝난 후 다시 시작할 때 말투를 바꿈으로써 분위기를 바꿔버립니다. 변화를 모색하고 반전의 기회를 만드는 것입니다. 저는 이 기법을 유용하게 활용합니다.

목소리 크기와 속도를 조절하라

말투를 정했다면 한 가지 더 유념할 것이 있습니다. 목소리를 절대 높이지 말라는 것입니다. 타고난 목소리가 낮은 사람소자노 대난위의 청중을 대상으로 강의하게 되면 자기도 모르게 목소리가 커질 수 있습니다. 물론 청중의 규모에 따라 목소리 크기는 조절돼야 합니다. 청중이 많은데도 낮은 목소리로 강의하면 청중은 졸게 됩니다.

그런데 강연 같은 강의를 하다 보면 자기도 모르게 목소리가 커질 수 있습니다. 우리나라 사람은 10명 중 3~4명이 정상 이상으로 목소리가 큰 것으로 조사됐습니다. 1명 정도는 목소리가 너무 작다고 합니다.

저는 이 부분에서 당신에게 충고할 자격이 없습니다. 고치려고 무척 노력했지만(지금도 하고 있지만) 강단에만 서면 목소리가 커지는 경향이 있기 때문입니다. 아마도 소규모 강의보다 수백 명의 청중을 대상으로 하는 강연식 특강을 많이 했기 때문에 얻은 버릇인 것 같습니다.

목소리가 크면 얼핏 열정적으로 느껴질 수도 있습니다. 그러나 목소리가 커지면 자연적으로 말이 빨라집니다. 분명히 상관관계가 있습니다. 크고 빠른 목소리로 한두 시간의 강의를 한다고 생각해보세요. 강사 자신이 힘든 것은 그렇다 치고 강의를 듣는 청중도 고역입니다. 테이블에서 이야기하는 식으로 강의를 시작하는 것이 요령입니다. 천천히 두런두런 말을 하세요. 때로는 높게 때로는 낮게 높낮이를 조절하고 때로는 빠르게 때로는 느리게 속도를 조절하면서 말하는 것이 명강의의 요령입니다.

명강사가 되려면 자기 목소리의 성향을 잘 파악하고 청중의 규모에 맞춰 목소리의 크기와 속도를 알맞게 조절할 줄 알아야 합니다. 강의의 시작은 낮은 목소리로 천천히 합니다. 그래도 시간이 지남에 따라 목소리가 점점 커지고 속도가 빨라지는 것이 일반적입니다.

첫 발성부터 큰 소리를 내면 점점 상승작용을 일으킵니다. 나중에는 악을 쓰게 되는 상황까지 생길 수 있습니다. 그렇게 되면 청중의 반응이 나빠집니다. 반응이 좋지 않으니 강사는 그 답답함을 더욱 큰 소리를 냄으로써 해결하려 하게 됩니다. '고성의 악순환'입니다. 강의에서 경계해야 할 요소입니다. 명강의를 하고 싶다면 강의를 하면서도 수시로 '내 목소리의 크기는? 말의 속도는?'을 되뇌며 중간 점검을 하십시오. 프로의 자세입니다.

흥미진진하게 말하라

강의는 재미있어야 합니다. 흥미진진해야 합니다. '재미'나 '흥미' 중심의 강의를 말하면 너무 가볍게 여길지 모릅니다. 하지만 같은 내용을 말하더라도 이왕이면 재미있는 강의가 좋을 수밖에 없습니다. 세상의 흐름은 점점 더 '재미 중심'이 되고 있습니다. 엄숙한 강의나 무미건조한 강의는 청중에게서 배척당하기에 십상입니다. 오늘날에는 격조 높은 학술 세미나에서조차 이왕이면 쉽고 재미있게 전달할 수 있어야 유능한 사람으로 평가받게 됩니다.

솔직히 이 책을 통해 강의 기법을 배우고자 하는 당신도 내심 '어떻게 하면 재미있는 강의를 할 수 있을까?'에 관심이 많을 것입니다. 그래서 '명강의=재미있는 강의'라는 등식이 성립할 만큼 강의에서 '재미'는 중요합니다.

　재미라고 해서 꼭 웃겨야 한다든가 유머만을 떠올려서는 안 됩니다. 웃기지 않더라도 표현법이나 말하는 방식이 흥미있고 재미있는 경우는 얼마든지 있습니다. 제가 당신에게 권하는 강의 기술은 꼭 유머를 잘하라는 것이 아닙니다. 유머를 구사하는 데 별로 소질이 없는 강사라도 청중의 관심을 끌 수 있는 강의를 하는 데 초점을 맞춥니다. 유머구사가 아니어도 됩니다. 어떻게 하면 청중에게 어필할 수 있는 강의를 할 수 있느냐 하는 데 초점을 맞추는 것입니다. 그것이 바로 여기서 말하는 '재미있는 강의' '흥미있는 강의'입니다.

　예를 들어 보겠습니다. 갓난아이 시절에 미국으로 입양을 간 소녀가 있다고 합시다. 천신만고 끝에 미국에서 크게 성공했습니다. 드디어 한국에 돌아와 어머니를 찾게 됐습니다. 그 과정은 유머가 아니라 눈물이 흐를 이야기입니다. 하지만 청중은 흥미를 느끼고 재미있어할 것입니다. 그런 강의를 하면 얼마든지 명강의를 할 수 있습니다. 강의에서 예화, 사례, 경험담을 계속 강조하는 이유도 그런 것들은 설령 유머가 아니더라도 청중이 흥미있어 하고 주의를 집중시킬 만큼 재미가 있기 때문입니다.

"유머가 있는 강의만이 아니라 울림이 있는 강의도
청중의 마음을 사로잡는다."

청중의 관점에서 이야기하라

강의를 잘하는 사람들을 보면 몇 가지 공통점이 있습니다. 그중에 하나가 청중의 귀가 솔깃하게 말한다는 점입니다. 강사 중심이 아니라 청중 중심의 이야기 전개에 능수능란합니다. 그들은 청중이 어떤 이야기를 듣고 싶어 하는지, 어떻게 표현해야 좋아하는지를 본능적으로 꿰고 있습니다. 따라서 명강의를 하고자 하는 사람이라면 자신의 생각이나 주장을 청중에게 주입하려 해서는 안 됩니다. 설교나 훈시로 청중의 마음을 끌어당길 수는 없습니다.

청중의 귀가 솔깃하게 말하는 것을 속된 말로 "섹시하게 말한다"고 합니다. 상대방의 흥미를 돋우고 군침을 돌게 하고 귀를 쫑긋하게 하고 눈이 번쩍 뜨이게 말하는 것을 의미합니다. 앞에서 러셀 콘웰 박사는 언제나 그 지방의 역사, 생활여건, 문제점, 격언, 독특한 사례 등을 미리 조사해 강의한다고 했습니다. 바로 그런 것이 청중의 흥미 관점에서 이야기를 전개하는 것입니다.

명강의로 소문난 어느 대학교수의 교수법을 읽고 크게 공감한 적이 있습니다. 그분은 강의할 때 기본 교과서를 중심으로 강의를 전개하되 학생들이 쉽게 접할 수 없는 내용을 찾아서 강의한다고 합니다. 그러니 학생들이 귀를 쫑긋할 수밖에 없습니다. 다른 교수는 교과서를 읽어주는 것과 다를 바 없는데 그분은 전혀 새로운 정보와 지식을 주니 그럴 수밖에요. 그런 것이 바로 청중의 흥미 관점에서 강의하는 것입니다.

유머 없이도 청중을 장악하는 명강의 3원칙

명강의라든가 재미있는 강의라면 흔히 유머를 떠올리게 됩니다. 그래서 많은 강사가 유머 스트레스에 시달립니다. 물론 유머 능력이 있다면 더욱 좋을 것입니다. 하지만 유머 능력은 하루아침에 기를 수 없습니다. '죽었다 깨도' 유머를 못하는 사람도 있습니다. 그런 사람은 유머 없이도 청중을 장악하는 요령을 터득하고 실천하는 것이 더 현실적일 수 있습니다. 다음의 3원칙을 마음에 담아 그대로 해보기 바랍니다. 그러면 멋진 강의를 할 수 있습니다.

청중의 이기심을 충족시킬 것: 내용

청중은 이기적입니다. 무엇인가 도움을 주는 강의가 아니면 외면합니다. 청중의 주의를 집중시키려면 그들의 호기심을 자극하고, 감탄을 불러일으키고, 지적 갈증을 채워줄 수 있는 새로운 지식과 정보를 듬뿍 담아야 합니다. 청중이 가장 흥미를 느끼는 것은 바로 그들 자신에게 도움이 되는 이야기입니다. 세계 평화에 관한 것보다는 말썽꾸러기 아이를 길들이는 방법이라든가 직장인으로 성공하는 방법이 더 호소력 있고 재미있는 대상이 된다는 말입니다.

예화, 사례로 가득 채울 것: 내용

청중의 이기심을 충족시키는 내용으로 강의하되 관념적, 철학적, 순수 이론적이어서는 안 됩니다. 앞에서도 여러 차례 언급했습니다. 강의 내용을 예화, 사례로 가득 채우도록 하세요. 직접 경험한 사건을 실례로 들 수 있다면 금상첨화입니다. 당신의 인생에 극적인 충동을 준 사건이라든가 절대로 잊을 수 없는 교훈을 준 이야기를 많이 담으세요. 그럴수록 강의가 흥미진진해집니다.

말로써 그림을 그리듯 말하고 생각을 시각화할 것: 표현

"만사는 이야기하는 내용보다도 이야기하는 방식에 달려 있다."

영국의 수사학자 퀸터리언의 말입니다. 내용도 중요합니다. 하지만 표현 방식은 더욱 중요합니다. 강의는 현장감 있는 언어로 실감 나게 해야 합니다. 표정 연기, 흉내 내기 등 할 방법을 다 동원하세요. 청중에게 전하고 싶은 중요한 생각을 눈에 보이고 손에 잡히듯 말하기 바랍니다. 말로써 그림을 그리듯 해야 합니다. 가능하다면 당신의 생각을 시각화할 수 있도록 그림, 영상, 전시물 등 시청각 자료를 최대한 활용하는 것도 좋습니다.

주의력을 집중시켜라

●

강의 기법의 핵심은 수강자의 주의력을 집중시키는 데 있습니다. 지금까지 언급한 여러 가지 기법도 따지고 보면 청중의 주의, 관심, 흥미를 집중시키기 위한 것에 불과합니다. 강사가 청중에게 자기의 생각을 명확하게 전달하고 이해시키기 위해서는 무엇보다도 청중이 강사를 주목하고 경청하는 자세가 전제돼야 하기 때문입니다. 강의 시간에 청중의 주의력이 분산되거나 잠을 잔다는 것은 일차적으로 강사의 책임입니다. 점심 이후(대개 오후 1시부터 3시 사이)에는 생리적으로 졸음이 온다지만 그것은 핑계에 불과합니다. 애인이 사랑을 속삭일 때 조는 사람을 봤습니까?

어쨌든 강사로서는 강의 시간 내내 청중의 주의력을 확보할 수 있어야 합니다. 그런 강의가 명강의입니다. 그런 능력을 소유한 사람이 바로 명강사입니다. 다음과 같은 경우가 청중의 주의력을 비교적 쉽게 모을 수 있는 요소입니다. 당신과 견줘보기 바랍니다.

• 청중의 주의를 집중시키는 요소 •

- 강사가 매우 유명한 사람이거나 경력이 특이한 사람일 때
- 강의 주제가 청중의 흥미를 돋을 수 있는 특수성을 갖췄을 때
- 강사의 특수한 경험담을 이야기할 때
- 상식을 뒤엎는 전혀 새로운 사실, 쉽게 접할 수 없는 기밀사항, 진기한 사례 등을 이야기할 때
- 어떤 사건, 사실의 숨은 뒷이야기를 소개할 때
- 강사 특유의 새로운 발견이나 특이한 해석을 말할 때
- 열정적인 강의를 진행할 때
- 청중의 이해관계가 밀접하거나 관심이 많은 주제에 대해 강의할 때
- 실습이나 롤플레잉 등 청중이 참여하는 강의일 때
- 실물을 제시하거나 그림이나 사진 등을 보여줄 때
- 적절한 유머를 구사할 때
- 강사의 화술이 현란하고 탁월할 때

주의력 집중 요령

이상에서 청중의 주의를 집중시키는 요소가 무엇인지 알아봤습니다. 그런 요소를 강의에 넣어 적절히 활용하면 청중의 흥미를 끌어모으는 강의가 됩니다. 원리는 간단한데도 왜 많은 강사가 주의를 집중시키

는 데 실패할까요. 한마디로 말하면 노력 부족입니다. 명강의를 하고자 하는 치열한 열정이 부족하기 때문입니다.

강사에 따라서는 원래부터 청중의 주의를 집중시키는 데 탁월한 능력을 갖추고 있는 사람도 있습니다. 그러나 만약 당신이 그런 출중한 사람이 아니라면 역시 노력으로 해결할 수밖에 없습니다.

강의안을 만들 때부터 청중의 주의력을 집중시킬 수 있는 요소를 만들어내야 합니다. 그런 준비 없이 강단에서 임시방편으로 청중의 주의를 끌려고 한다면 분명히 실패할 것입니다.

따라서 어떤 내용을 어떤 식으로 풀어가며, 어떻게 변화를 주고, 어떻게 말하며, 시청각 도구는 어떻게 활용하고, 질문이나 유머는 어떻게 하고, 청중의 동참은 어떻게 유도할 것인지 등등 주의력 집중 요소를 만들어야 합니다. 시간 배분과 함께 적절히 안분, 활용하는 계획을 철저히 세워야 합니다.

엉뚱한 주의 집중

청중의 주의력을 집중시키고자 하는 것은 두말할 필요 없이 강의 효과를 높이기 위해서입니다. 그러나 강사를 주목한다고 해서 반드시 강의에 주의력이 집중된다고 할 수는 없습니다. 얼마 전 TV에 매우 높은 공직자가 출연해 이야기를 전개했습니다. 젊은 나이에 크게 성공한 미모의 여성이었습니다. 그런데 그녀의 이야기를 들으면서 매우 신경이 거슬리는 것이었습니다. 미모에 어울리지 않게 수시로 코를 들이마셔 입으로 삼켰기 때문입니다. 비염이거나 감기 후유증일 것으로 추측합니다. 하지만 결국 그것에 신경을 쓰느라 무슨 이야기를 하는지 모를 지경이었습니다. 나중에는 TV 채널을 다른 곳으로 돌리고 말았습니다. 강사도 그처럼 엉뚱한 것으로 신경 쓰게 하는 사람이 있습니다.

다음과 같은 경우는 청중의 주의를 엉뚱한 데 집중시킴으로써 결과적으로 강의에 집중하지 못하게 되는 경우입니다. 즉 강사를 주목게 하는 요소가 오히려 주의력을 분산시키는 원인이 될 수 있습니다.

- 입언저리에 게거품을 품는 버릇(이런 체질의 강사는 손수건을 사용해 수시로 입 주위를 닦아야 합니다.)
- 연단에 서서 이유 없이 발을 떨거나 몸을 좌우, 앞뒤로 계속 흔드는 행위
- "에…….", "그런데 말이야.", "그래서 말이지." 따위 군더더기 말을 되풀이하는 버릇
- 목소리나 어조를 평소 그답지 않게 마치 신파조 연극대사를 외우듯 어색하게 꾸며서 말하는 버릇
- 시계를 자주 들여다보는 행위
- 손으로 코나 입 주위를 자주 만지는 행위
- 눈을 깜빡거리거나 혀를 날름거리는 등의 버릇
- 단상의 연설대를 두 손으로 잡고 몸과 함께 앞뒤로 흔드는 행위

주의 집중을 방해하는 요소

강사의 이상한 버릇이나 행위가 강의에 대한 주의 집중을 방해하는 것 못지않게 강의 분위기나 환경이 주의 집중을 방해하는 때도 잦습니다. 강사는 사전에 강의 진행 실무자와 상의해 그런 요소를 배제하는 조치를 연구해야 합니다.

- 소음 – 냉난방 기구의 소음, 강당 밖의 자동차 소리 등
- 더위 또는 추위
- 청중과 함께 온 어린아이의 칭얼거림
- 청중 간 잡담이나 속삭임
- 강의 도중의 음식 제공, 자료 배포
- 마이크와 스피커 불량
- 강의 도중 청중의 자리 옮김, 이동
- 강사와 청중 간의 거리가 너무 멀게 배치된 때
- 듬성듬성, 산만한 좌석 배치
- 강의 분위기를 깨는 이질적 청중, 방해꾼

- 강의 도중 강사에게 음료를 제공하거나 메모를 전달하는 교육진행자의 행위

필러는 꼭 고쳐라

●

강사의 특이한 말버릇이 강의에 대한 집중을 방해하고 청중의 관심을 엉뚱한 것으로 돌리게 하는 경우가 있습니다. 그중 하나가 필러입니다. 박지성 선수의 '뭐' 말투가 팬들의 흉내 내기로 인기를 끈 적이 있습니다.

“뭐~ 특별히, 뭐~ 다른 포지션에서 뛰었다고 해서, 뭐~ 부족했다거나, 뭐~ 잘못했다거나, 뭐~ 포지션이 안 맞는다고 생각해본 적이 없어서, 뭐~ 제 개인적으로 어느 포지션으로 뛰어도 상관없다고 생각합니다.”

그런 식으로 말한 것입니다. 요즘은 고쳤는지 모르지만. 그런 군더더기 말을 필러filler, 그라피티graffiti 또는 트래시trash라고 합니다. 박지성 선수 같은 세계적 스타에게는 그것이 ‘인기’ 있을 수도 있고 매력일 수도 있습니다. 하지만 강의를 하는 사람에게는 자칫 치명적일 수 있습니다.

제가 잘 아는 이름난 강사도 그런 버릇이 있습니다. 말끝마다 “그렇지 응?” 또는 “응?”이라며 자기가 묻고 자기가 대답합니다. 어쩌다 한두 번 하는 것이야 문제 될 것이 없습니다. 하지만 말끝마다 하면 확실히 나쁜 버릇입니다.

그런 군더더기 말에는 ‘에~’ ‘그~’ ‘저~’ ‘음~’ 등 짧은 것이 있는가 하면 ‘그 뭐냐.’ ‘그래서 말이야.’ ‘알겠죠?’ ‘솔직히 말해서’처럼 긴 것도 있습니다. 문제는 당사자가 그런 버릇을 모른다는 데 있습니다. 그러나 청중은 그 필러 때문에 보통 신경이 쓰이는 것이 아닙니다. 자칫하면 강의에 집중하기보다 1분에 몇 번이나 그런 말을 하는지 셈해보는 청중까지 있게 됩니다.

당신이 강의할 때 녹음해서 꼭 점검해보기 바랍니다. 저도 점검해보고 깜짝 놀란 적이 있습니다. 제게 그런 필러가 있는지 몰랐는데 녹음을 들어보고 발견했기 때문입니다. 필러로 인해 명강사의 명예에 흠을 남기지 않기 바랍니다.

청중과 함께하는 강의 기술

강의 기법 중에 '청중 활용법'이라는 것이 있습니다. 청중을 최대한 이야기 속, 강의 속으로 끌어들이는 것입니다. 그럼으로써 강의의 효과를 높이는 기법입니다. 강의는 자기 혼자 하는 원맨쇼가 아닙니다. 청중과 함께할수록 훌륭한 명강의가 될 확률이 높아집니다. 강사로서 힘도 덜 듭니다. 강의 속으로 청중을 끌어들이는 방법에는 다음과 같은 몇 가지 요령이 있습니다.

청중의 이야기를 화제로 삼는 법

먼저, 청중을 화제로 삼아 등장시키는 것입니다. 앞에서도 말했듯이 사람들은 자기 자신과 관계있는 이야기에 대해 주목하기 마련입니다. 자연스럽게 관심을 둡니다. 자기 자신에 관한 것을 이야기할 때 청중은 강사의 말을 한마디도 빼놓지 않고 경청하게 됩니다. 따라서 강의는 되도록 청중이나 청중에 관한 것을 화제로 삼는 것이 좋습니다. 그것이 청중과 함께하는 강의 요령입니다.

예를 들어 '가나다라 주식회사(가칭)'에서 사원을 대상으로 강의한다고 해봅시다.

"미국의 포드 회사에서는 사원들의 복지 향상을 위해……"

이런 식으로 이야기를 풀어가는 것은 그다지 좋지 않습니다.

"제가 여러분의 회사인 가나다라 주식회사를 며칠간 조사했는데, 여러분의 경우……"

이런 식으로 이야기가 전개된다면 청중의 호감과 관심은 높아질 수밖에 없습니다.

그러니까 강의안을 준비할 때부터 강의 중에 끌어들일 청중의 이야기가 무엇인지 자세히 탐색해야 합니다.

청중과 대화하는 법

다음은 청중과 대화를 함으로써 강의에 끌어들이는 것입니다. 데일 카네기는 그의 연설법에서 이렇게 충고했습니다.

"마음속으로 청중 가운데에서 제일 뒤쪽에 있거나, 아니면 연사에게 가장 무관심한 태도를 보이고 있는 사람을 골라내 그 사람에게 이야기하라. 물론 마음속으로 말이다. 그 밖에 다른 사람이 있다는 사실은 잊어버려라. 그 사람과 대화를 나누라. 그 사람이 당신에게 질문하고, 당신은 그것에 대해 대답을 하고, 또 대답할 수 있는 사람은 당신뿐이라고 가정해보라. 실제로 질문을 하고 그것에 대답할 수도 있다."

참 좋은 조언이라 생각합니다. 카네기의 말처럼 마음속으로 대화를 나누는 방법도 있지만 실제로 청중과 대화를 함으로써 강의에 청중을 끌어들이는 것도 좋은 요령입니다. '청중과 대화를 나누는 것'이 구체적으로 나타나는 대표적인 형태는 질문입니다.

그런데 다수의 강사는 청중에 대한 질문에 미숙합니다. 강사가 가장 많이 던지는 질문은 무엇일까요? 아마도 강의 시작과 함께 던지는 질문 "식사 잘하셨습니까?" 아닐까요? 그 질문 이후 강의 내내 질문이 나오지 않습니다. 그러니 완벽한 일방통행이요 일방적 의사전달이 됩니다.

질문법은 잘만 활용하면 강의 효과를 높이는 놀라운 효과를 발휘합니다. 그러나 그것이 효과를 발휘하려면 강의 현장에서 즉흥적으로 던지는 질문이 아니라 강의안을 작성할 때부터 용의주도한 '질문 전략'이 이뤄져야 합니다.

반면에 시도 때도 없이 질문을 남발함으로써 강의 분위기를 깨는 강사도 있습니다. 그렇게 되면 청중이 강사를 쳐다보지도 못합니다. 눈이 마주치면 자신에게 질문을 던질까 두려워서 말입니다.

□□□ 당신의 이번 강의에서 청중과 무엇으로 대화할 계획입니까? 강의안에 그 계획이 서 있습니까? 특히 '질문 전략'이 섰습니까? 어떻게 할 것인지 기록해봅시다.

질문에도 요령이 있다

전체질문(overhead question)

응답할 사람을 지정하지 않고 피교육자 전원에게 던지는 질문입니다. "이런 점에 대해 말씀해주실 분 없습니까?"라고 질문해 청중의 참여를 유도하기도 합니다. 독점발언자를 통제할 목적으로 "지금 말씀하신 분 외에 다른 의견을 가지신 분은 없습니까?"라고 질문하기도 합니다.

직접질문(direct question)

직접질문은 특정 개인을 향해 질문하는 것입니다. 소극적인 청중이나 딴생각을 하는 것 같은 청중에게 주의를 환기하려 할 때, 또는 청중 중에 전문적 지식을 가진 사람이 있어서 그 정보를 다른 참여자에게 전파하려 할 때 주로 사용합니다. 직접질문은 일단 모든 청중에게 질문을 던진 다음 사이를 두고 질문을 시도하는 것이 좋습니다. 경우에 따라서는 곧바로 특정인을 지정해 질문을 던지기도 합니다.

중계질문(relay question)

청중이 질문했을 때 강사가 직접 응답하지 않고 다른 청중에게 다시 던지는 질문 방법입니다. 강의 분위기에 활력을 불어넣고 청중의 사고 기능을 자극하는 장점이 있습니다.

"지금 아무개 씨가 질문하신 데 대해 대답할 사람 있습니까?"

이렇게 질문을 중계하는 방식입니다. 그 후 특정인을 지정해 직접질문을 함으로써 대답을 유도합니다. 강사가 잘 모르는 사항을 질문받았을 때 위기를 넘기는 요령으로 활용되기도 합니다.

반대질문(reverse question)

청중에게서 질문을 받았을 때 그 대답을 질문한 사람에게 되묻는 형식입니다.

"좋은 질문을 하셨는데 본인은 그 점에 대해 어떻게 생각하십니까?"

이런 방식으로 하면 됩니다. 청중이 강사를 테스트하려 하거나 골탕을 먹이려 할 때 잘 활용하면 좋습니다.

·질문 시 유의사항·

- 질문의 횟수가 너무 많지 않도록 합니다.
- 청중을 골탕먹이기 위한 공격적 질문이어서는 안 됩니다.
- 말끝마다 "그렇죠?" "이건 왜 그럴까요?" 등 연속적 질문을 불특정 다수의 청중에게 던져서는 안 됩니다.
- 청중이 생각할 여유를 주고 질문합니다.
- 특정인에게만 질문을 계속 던져서는 안 됩니다.
- 대답을 못했다고 해서 무시하거나 무안을 주면 안 됩니다.
- 청중이 빠져나갈 여지를 줍니다.
- 순서대로 차례차례 질문하는 것은 좋지 않습니다.
- 똑같은 질문을 다른 사람에게 할 때 "그 뒤요!" "옆의 분!" 등으로 말하면 안 됩니다. "옆의 분께 질문 드립니다."라고 하고는 앞에서 던졌던 질문을 정식으로 다시 반복해야 합니다.

청중을 강의 파트너로 삼아라

이 기법은 일명 '파트너 활용법'이라고도 합니다. 청중을 강사의 파트너로 삼아 강의를 청중과 함께하는 것입니다. 강연 스타일의 강의에서는 많이 활용하지 않습니다. 하지만 토론식 강의에서는 매우 유용한 방법이 됩니다. 강의하다 보면 청중 중에 적극 동참하는 사람이 있습니다. 강사의 이야기에 맞장구를 쳐주기도 하고 자기 의견을 제시하기도 하며 좋은 질문을 던지기도 합니다. 그런 청중이 있으면 강의가 신바람 나고 분위기가 좋아지게 됩니다.

설령 그런 자발적 청중이 없더라도 재치 있는 강사라면 적절한 청중을 찾아냅니다. 그를 강의 속으로 끌어들여서 파트너로 삼으면 좋습니다. 어떤 요점을 강조한다든지 어떤 아이디어를 극적으로 표현하기 위해서 청중 중의 한 사람을 파트너로 선택해 청중의 주의력을 한껏 높이는 효과를 내는 것입니다. 청중에게 강사가 한 말의 요점을 복창하게 한다든가 시청각 자료를 함께 작동하게 한다든가 하는 식으로 청중을 강의에 끌어들이면 강의가 훨씬 수월해집니다.

프로 강사도 이러면 실패한다

프로 강사라면 강의 내용에 별문제가 없습니다. 강의 기법도 이미 수준에 도달한 사람입니다. 직업적으로 강의 경험도 많을 것입니다. 그럼에도 강의란 묘한 것이어서 상황과 때에 따라 실패하는 경우가 많습니다. 남들은 '설마, 프로 강사가?'라고 생각하겠지만 제가 증언할 수 있습니다. 참으로 하찮은 돌부리(조건)에 넘어질 수 있는 것이 강의입니다. 그 점을 깊이 인식하고 조치해야 합니다.

- 청중을 깔보고 교만하거나 오버하면 실패합니다.
- 첫 단추를 잘못 끼우면 실패합니다. 그래서 아이스브레이크가 중요합니다. 첫 마디의 어조, 말투가 중요합니다.
- 마이크, 실내 온도, 청중의 좌석 배치 등 강의 환경이 좋지 않으면 실패합니다.
- 처음 개발한 강의 주제로 강의하면서 연습 등 준비가 부족하면 실패합니다.
- 청중과 '궁합'이 맞지 않을 때 실패합니다. 청중의 수준과 질이 강사와 맞아야 합니다.
- 전날의 음주 등 컨디션이 좋지 않을 때 실패합니다.
- 청중 중에 고의적이고 악질적인 훼방꾼이 있을 때 실패합니다.
- 청중 중에 이미 그 강의를 들은 적이 있는 사람이 많은 것을 모르고 강단에 섰을 때 실패합니다.

□□□ 당신은 어떻습니까? 청중을 잘 활용합니까? 청중을 강의 파트너로 삼습니까? 청중과 대화합니까?

쉽게 말하되 평범하게 말하지 마라

대작으로 일컬어지는 서예작품이나 대가들이 썼다는 붓글씨(주로 한 문인 경우)를 보면 도무지 무슨 글자인지 알 수 없는 때가 종종 있습니다. 말이야 바른말이지, 그건 예술일지는 몰라도 글씨라고 하기는 어렵다고 생각합니다. 뭐니 뭐니 해도 글씨는 글씨다워야 합니다. 누구나 쉽게 읽을 수 있고 이해할 수 있어야 합니다. 그런 면에서 대가의 글씨보다는 유치원생의 글씨가 훨씬 실용적입니다. 커뮤니케이션의 도구로 제격입니다.

강의도 '대가의 붓글씨 격'이 돼서는 안 됩니다. 학자라는 사람들 중에는 외국어를 남발하고 판서를 해도 외국어만 끼적거리는 사람이 많습니다. 청중으로부터 거부감을 사기 쉽습니다.

강의는 쉬운 말로 해야 합니다. 어떤 계층의 청중도 알아들을 수 있는 쉬운 말로 해야 합니다. 평소에 사용하는 용어로 말해야 합니다. 그것이 말 커뮤니케이션과 글 커뮤니케이션의 차이입니다. 물론 요즘은 글도 쉽게 쓰라고 강조합니다. 하지만 글은 음미하면서 볼 수 있습니다. 이해가 되지 않는 부분은 다시 읽을 수도 있습니다. 그렇기에 때로는 현학적 표현이나 까다로운 용어가 동원됨으로써 전문성을 과시

할 수도 있습니다. 그러나 말은 다릅니다. 발음상으로 똑같은 말이 전혀 다른 뜻으로 사용될 수도 있어 주의해야 합니다.

스티브 잡스는 최첨단 IT 제품을 설명하면서도 전문용어를 쓰지 않고 가장 쉬운 말, 일상적 용어를 사용한 것으로 유명합니다. 그러기에 돋보입니다. 그러기에 프로입니다.

그러나 한 가지 유념할 것이 있습니다. 쉽게 말하되 평범하게 말하지 말라는 것입니다. 표현은 쉽더라도 반드시 강사 특유의 관점, 논리, 표현이 추가돼 번득이는 재치가 엿보여야 명강사로서 가치를 인정받게 됩니다. 쉬운 것을 쉽게 말하는 것은 아무나 할 수 있습니다. 어려운 것을 쉽게 말하는 것은 어느 정도 실력이 필요합니다. 그러나 쉽고도 쉬운 것을 흥미있고 탁월하게 표현하는 것은 명강사만이 할 수 있는 것입니다.

언젠가 TV 방송을 보다가 무릎을 탁 치며 감탄한 적이 있습니다. 유명한 개그맨이 여러 사람과 결혼에 관해 이야기를 나누는데 이런 표현을 사용했습니다.

"결혼이라는 것이 상대방에게 미쳐야 합니다. 그렇게 미쳐서 결혼하고는 나중에 제정신이 들면 정말 미치는 것이죠."

어떻습니까? 쉬운 말이면서 절묘하지 않습니까? 그런 표현이 가능할 때 사람들은 말하는 사람의 내공에 감탄하고 한 수 배우게 됩니다.

많은 사람이 이렇게 말합니다.

"배고픈 것은 참아도 배 아픈 것은 참기 어려운 법입니다. 특히 우리나라 사람들은 사촌이 땅을 사도 배 아파하거든요."

그때 갑자기 떠오른 생각으로 순발력을 발휘해서 이렇게 말했습니다.

"배고픈 것은 참아도 배 아픈 것은 참기 어려운 법입니다. 특히 우리나라 사람들은 '사촌토지구입 배탈증'을 앓거든요."

그런데 청중이 까르르 웃어줬습니다. 바로 그런 식의 표현이 평범한 것을 비범하게 표현하는 것입니다.

청중은 쉽되 평범하지 않고 특이한 것을 좋아합니다. 어찌 보면 모순이지요. 그래야 강의를 들은 시간이 '낭비'가 아니라 '가치 있는 것'이라고 생각합니다. 그래야 강의의 메시지를 오랫동안 기억합니다. 강의는 청중에게 가치 있고 생산적이어야 합니다. 오랫동안 기억되는 강한 인상을 줘야 합니다. 그러기 위해서는 쉽게 말하되 결코 평범하게 말하지 않는 비범함을 보여줘야 합니다.

당신이 명강사라면 그런 식으로 특유의 표현법을 연구해야 합니다. 같은 내용이라도 어떻게 표현하면 그렇게 말할 수 있을지 많은 연구를 해야 합니다. 하루아침에 이뤄지는 것은 아닙니다. 남들의 강의나 책을 많이 읽고 TV 시청이나 사람들과 나누는 대화에서 기막힌 표현, 비범한 표현이 발견되면 즉각 메모하고 기억해 체화해야 합니다. 그런 과정이 쌓여서 실력이 되고 내공이 됩니다.

"쉽게 말하되 평범하게 말하지 말라."

꼭 기억하기 바랍니다.

변화 전략을 구사하라

강의를 잘하는 사람과 그렇지 못한 사람 사이에는 여러 가지 차이가 있습니다. 내용 면에서 차이도 있고 표현법에서 차이도 있으며 자세나 태도에도 차이가 있습니다. 그런 차이 중에서 내용은 강의안에서 이미 결정됩니다. 그렇기 때문에 내용 면의 차이를 빼고 나면 결국은 표현, 자세, 태도 면에서의 차이입니다. 그럼 구체적으로 어떤 차이일까요? 그중 대표적인 변수를 꼽으라면 단연 '변화'를 꼽겠습니다.

강의를 잘하지 못하는 사람을 보면 무미건조합니다. 무미건조하다는 것은 변화가 없고 단조롭다는 것입니다. 강의를 잘하지 못하는 사람을 유심히 관찰하세요. 처음부터 끝까지 목소리, 어조의 높낮이, 말의 속도 등이 일정합니다. 책을 읽는 것 같습니다. 자세나 태도도 마찬가지입니다. 천편일률적입니다. 밋밋합니다. 그렇게 되면 열정이 없어 보입니다. 지루하게 느껴집니다.

더욱이 성인들의 집중력은 20분이 한계라는 연구가 있습니다. 어떤 사람은 10분이 한계라고도 합니다. 10분이냐 20분이냐가 중요한 것은 아닙니다. 사람늘은 변화를 원한다는 것이 중요합니다. 따라서 명강의를 하는 사람들은 변화에 능수능란합니다. 청중이 지루할 틈을 주지 않습니다.

글과 말의 차이가 무엇입니까? '변화'입니다. 글은 변화를 담을 수 없습니다. 그러기에 변화를 표현하기 위해 중언부언 장황할 수밖에 없습니다. 독자는 글로 표현된 상황을 상상해야 합니다. 반면에 말은 '글

+감정'이라는 특징을 갖습니다. 감정을 실어서 변화를 실감 나게 표현할 수 있습니다. 바로 목소리와 어조의 변화를 통해서 강사의 감정을 청중에게 전달할 수 있는 것입니다. 목소리의 변화뿐만 아니라 표정, 자세, 동작도 한몫합니다.

강의를 잘하지 못하는 사람을 보면 변화가 없습니다. 어조나 말투의 변화는 물론이요 표정도 마찬가지입니다. 무표정한 얼굴을 강의 시간 내내 유지합니다. 동작도 그렇습니다. 강연대에 꼭 붙어서 움직임이 없거나 제스처가 없습니다. 설령 움직임이 있고 제스처가 있더라도 단조로운 동작을 반복할 뿐입니다.

프레젠테이션의 귀재, 명연설가로 유명했던 스티브 잡스는 바로 그 변화의 전략을 잘 구사한 사람입니다. 30분의 프레젠테이션을 시연, 보조강의, 동영상 등으로 다채롭게 구성합니다. 변화무쌍함을 보여줍니다. 그래서 예술의 경지라는 찬사를 듣습니다.

그는 억양을 높였다 낮췄다 하면서 "대단하다" "멋지다" "엄청나다"라는 표현들을 쓸 때는 억양을 강하게 합니다. 중대한 발표를 하기 직전에는 목소리를 낮췄다가 결정적인 순간에 목청을 올립니다. 가끔은 말을 멈추고 침묵함으로써 청중의 기대치를 최대한 높이기도 합니다. 절대 서두르지 않습니다. 중요한 말을 하고는 잠시 침묵합니다. 그럼으로써 청중으로 하여금 그 분위기와 내용을 음미할 여유를 주기도 합니다. 화술의 대가인 그가 '침묵 활용의 대가'라는 평가를 듣는다는 점을 잘 음미하기 바랍니다.

그는 연단을 잘 사용하지 않습니다. 연단을 벗어나야 변화를 주기가 편하고 청중에게 자신을 잘 드러낼 수 있기 때문입니다. 그리고는 현란한 제스처의 변화로 청중을 압도합니다. 그가 몸으로 보여주는 변화의 핵심은 청중과 눈을 맞추고, 열린 몸짓을 하고, 손짓을 활용하는 것입니다. 그렇게 변화 있게 함으로써 청중의 관심을 자신에게 꽉 묶어둡니다.

타고난 능력일까요? 아닙니다. 짧은 프레젠테이션을 위해 여러 사람이 몇 주 동안에 걸쳐 계획을 짜고 끊임없이 연습합니다. 치밀한 계획과 치열한 연습의 결과입니다. 그리고는 무대 위에서 빈틈없는 연기를 펼치는 것입니다. 변화 있게 말입니다.

강의에서 변화는 중요합니다. 열정을 담아 상황을 생생하게 표현하려다 보면 자연스럽게 목소리, 어조, 표정, 몸짓에 변화가 일어나게 됩니다. 반대로 목소리, 어조, 표정, 몸짓에 의도적 변화를 줌으로써 열정에 불을 붙이는 작용을 하게 할 수도 있습니다. 당신이 명강의를 꿈꾼다면 반드시 변화의 기술을 터득해야 합니다. 변화의 전략을 구사해야 합니다.

□□□ 당신의 '변화'는 어떻습니까? 강의 장면을 동영상으로 찍어 얼마나 변화 전략을 잘 구사하고 있는지 꼭 점검해보기 바랍니다. 그리고 무엇이 문제인지 기록해봅시다.

클라이맥스를 적절히 배분하라

강의에도 클라이맥스는 있어야 합니다. 강의 시간 전체를 통해 처음부터 끝까지 박진감 넘치고 분위기를 고조시키며 계속된 감동을 준다면 그 이상 바람직할 것이 없습니다. 하지만 꿈이요 바람일 뿐입니다. 그러나 그 정도로 이상적인 강의는 아니더라도 어느 정도의 클라이맥스와 분위기 고조는 반드시 필요합니다.

따라서 강사는 강의 계획을 세우고 강의안을 작성하는 과정에서 몇 회에 걸쳐 어느 부분에서 분위기를 고조시키고 감동적 절정감을 느끼도록 할 것인지를 자세히 검토해야 합니다. 그럼으로써 같은 말을 하고도 강의 효과를 높이고 강의에 대한 최종적 인상을 강화시키는 전략을 수립해야 합니다.

강의의 클라이맥스는 전반부, 중반부, 그리고 후반부에 적절히 배분되도록 하는 것이 좋습니다. 만약 강의 초입에 강렬한 인상을 주는 강의를 하다가 후반부로 갈수록 지루해진다면 그 강의는 실패한 것이 됩니다. 청중은 대개 강의 후반부의 인상으로 강의 전체를 평가하는 경향이 있기 때문입니다. 오히려 강의 후반부로 갈수록 분위기가 고조되고 큰 감동을 주는 강의가 더 낫습니다. 아무쪼록 강의 초입, 중반, 마지막 부분 등에 클라이맥스를 적절히 안배해야 합니다. 그림을 참고하기 바랍니다.

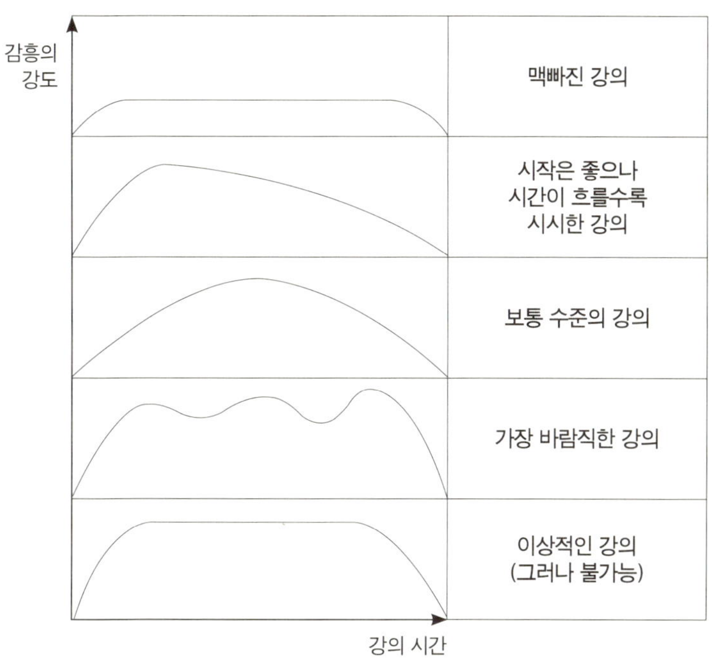

시간 관리로 강의 효과를 높여라

강의 시간을 지키는 것은 강사로서 절대적 의무입니다. "명강사는 5분 늦게 강의를 시작하고 5분 일찍 끝낸다"는 말이 있습니다. 그 말은 10분 정도 강의를 단축해야 한다는 의미가 아닙니다. 결코 주어진 시간을 넘겨서는 안 된다는 엄한 경고입니다. 제가 직접 실험을 한 예를 들어보겠습니다.

100분간의 강의에 들어가기 전에 교육진행자와 은밀히 약속했습니다. 제 강의를 모니터를 통해 보고 있다가 강의 종료시각이 다 돼 "이상 제 말씀을 마칩니다"라고 제가 말하면 동시에 강의종료 벨을 울리도록 한 것입니다.

마음속으로 시간을 관리하며 강의를 하던 저는 정확히 100분 후 "이상 제 강의를 마칩니다."라고 말했습니다. 모니터로 보고 있던 교육진행자는 동시에 "딩동댕!" 벨을 울렸습니다. 그러자 청중으로부터 "와!" 하는 감탄사와 함께 박수가 터져 나오는 것이었습니다. 속사정은 모른 채 '역시 대단한 프로구나!' 하는 감탄이었을 것입니다.

강의 종료 시각이 됐는데도 "시간이 다 됐지만 조금만 더 하겠다"든가, "강의 준비는 많이 해왔는데 시간이 짧아서 이만 하겠다"는 등의 변명은 그야말로 쓸데없는 소리입니다. 강사에게 강의 시간을 주는 것은 그 제한된 시간을 최대한 활용해서 하고 싶은 말을 다 하라는 절체절명의 조건입니다. 특히 강의 종료시각을 철저히 지켜주는 것은 중요한 강의 기법 중 하나입니다. 강의종료가 지연될 때 강의 효과는 반감됩니다. 더욱이 다음 강의를 준비해야 하는 교육진행자의 입장을 난감하게 만드는 것이 됩니다.

5분 늦게 끝낼 바에는 차라리 5분 일찍 끝내도록 하십시오. "청중에게 있어서 어떤 명강의도 휴식 시간만큼 즐겁지는 못하다"는 사실을 이해해야 합니다. 시간의 흐름을 염두에 두고 강의 시작부터 끝까지 철저히 시간을 조절해가며 강의를 해야 명강사라 할 수 있습니다.

설화를 입지 않도록 조심하라

강의를 하면 할수록 걱정되는 것이 있습니다. 그중 하나가 '설화(舌禍)'에 대한 스트레스입니다. 강의를 많이 해본 사람은 잘 알 것입니다. 말은 언제나 위험성을 내포합니다. 늘 조심해서 말하는 것이 강사들이기는 하지만 글을 읽는 것이 아니라 말을 하다 보면 '엉뚱한 이야기'를 할 때가 있습니다. 심지어 '내가 왜 이러지?'라고 생각하면서도 말이 샛길로 빠지는 수가 많습니다. 그래서 저 개인적으로는 사람들의 '실언'에 대해 관대합니다. 그리고 주위 사람들에게도 자주 권합니다. 악의적인 것이 아닌 실언에 대해 너무 따지지 말라고 말입니다.

사정이 그렇더라도 프로 명강사가 되려면 말을 조심해야 합니다. 요즘은 청중 중에 강의 내용을 녹음하는 사람이 많습니다. 심지어 몰래 동영상을 촬영하는 이도 있습니다. 물론 참고하기 위해 그렇게 하는 것입니다. 그런데 그 자료가 한 단계만 건너뛰면 어떤 일이 벌어질지 모릅니다. 장관 등에 대한 국회청문회를 보면, 케케묵은 옛날 동영상으로 곤욕을 치르는 경우가 있지 않습니까?

실언과 더불어 또 하나 유의할 것이 있습니다. 상대를 불쾌하게 할 언사는 피하라는 것입니다. 강사들의 이야기가 청중에게 불쾌감을 주는 경우는 의외로 많습니다. 물론, 강사로서는 자기의 말이 불쾌감을 주는 것인 줄 모릅니다. 청중에 대한 이해가 그만큼 부족하다는 의미가 됩니다.

불쾌감을 주는 유형은 여러 가지입니다. 어떤 젊은 강사가 나이 지긋한 청중에게 반말인지 존댓말인지 모를 언사를 했다가 크게 혼난 적이 있습니다. 어떤 강사가 인사말에서 다음과 같이 말한 적이 있습니다.

"오늘 우리나라에서 가장 존경하는 분들 앞에 서니 아주 영광스러워 눈물이 날 지경입니다."

그런데 그 지나친 찬사가 조롱하는 것으로 받아들여져 항의를 받은 예도 있습니다. 강의하다 보면 청중에 대해 충고나 고언을 할 수도 있습니다. 그러나 그것은 상대방이 충분히 이해할 수 있는 논리적 근거를 분명하게 제시하고 그 충고나 고언이 고맙게 느껴지게 하는 것이 요령입니다. 그 한계를 벗어나면 문제가 됩니다.

교사들 앞에서 교육계의 비리를 지적하던 강사가 격한 항의를 받고 중도에 강의를 포기해야 했던 사례도 있습니다. 공무원들에게 '철밥통' '관료들의 행태' 운운하며 한 수 가르치다가 입장이 곤란해진 강사도 있습니다. 택시기사들에게 "친절하지 않습니다"라고 힐책하다가 "당신이 와서 해봐라" "너나 잘하세요"라는 반응이 돌아온 사례도 있습니다.

강의에서 유머를 구사한 어느 강사가 그 유머 때문에 자칫 '옷을 벗을 뻔한' 일도 있습니다. 사람들에게 혐오감을 주고 성희롱적이었다는 이유 때문입니다. 심지어 '너무 많이 웃겼다'는 이유로 "강의를 하는 겁니까, 코미디를 하는 겁니까?"라는 항의를 받아 진땀을 뺀 웃지 못할 사연도 있습니다.

이렇듯 청중의 기분을 상하게 하는 경우는 다양합니다. 청중은 십인십색이기 때문입니다. 상상을 초월하는 별난 사람도 있습니다. 더욱이 요즘은 세상이 매우 복잡 다양해서 강의 화제로 부적절한 것이 무척 많아졌습니다. 이혼에 관한 이야기를 입에 올릴 때도 조심해야 합니다. 결손가정(이 표현이 좋지 못합니다)이나 신체적, 정신적 장애에 관한 말을 할 때도 극히 조심해야 합니다. 남녀차별적 발언을 하거나 노사관계에 대해 편을 잘못 들었다가는 낭패를 보기 십상입니다. 정치적 언사나 종교적 발언도 신경 써야 합니다. 신용불량자나 범법자에 대한 쓸데없는 힐책도 '큰일'을 몰고 올 수 있습니다.

따라서 강의에 임하는 사람은 청중 중에 의외의 사람이 있을 수 있다는 점을 항상 인식해야 합니다. 청중이 불쾌감을 느끼지 않도록 말을 조심해야 합니다. 단 한마디 실언이 모든 강의를 망칠 수 있음을 명심하기 바랍니다.

재미있되 경박하면 안 된다

●

강의는 재미있어야 합니다. 그런데 재미를 지나치게 의식하다 보면 예상치 못한 결과를 가져올 수 있습니다. 명강의가 아니라 저질 강의가 되기 쉽다는 점입니다. 다시 강조하지만 '재미=유머, 웃기는 것'은 아닙니다. 재미를 웃기는 것으로 생각하다 보면 강의 시간 내내 청중을 억지로 웃기기 위해 저질인 작태를 보이거나 '촐랑거려' 까불

어대는 강사가 되기 쉽습니다. 그렇게 되면 강사가 지녀야 할 품위를 해치고 삼류 코미디언이 됩니다.

강의를 왜 합니까? 왜 명강사가 되려고 합니까? 말을 하고 싶어서입니까? 청중에게 도움을 주기 위해서입니까? 지식과 정보를 전달하고 싶어서입니까? 돈을 벌기 위해서입니까? 아마도 가장 중요한 이유는 자신의 존재 가치를 높이고 싶어서일 것입니다. 자신의 이미지를 높이기 위해서일 것입니다. 그렇다면 무엇을 위한 유머, 무엇을 위한 웃기기인지 돌아봐야 합니다. 강의는 재미있게 하되 까불지는 말아야 합니다. 재치, 순발력, 쇼맨십을 발휘하되 강사가 지녀야 할 품위와 성실한 이미지를 결코 해쳐서는 안 됩니다.

경험담은 간단하고 담담하게

강사에게 최고의 콘텐츠는 에피소드라고 이미 말했습니다. 에피소드에는 남의 것이 있고 자신의 것도 있습니다. 자신의 것, 즉 경험담이야말로 가장 좋은 이야깃거리입니다. 그러나 경험담을 말할 때 조심해야 할 것이 있습니다. 자칫 자기 자랑이 되기 쉽다는 점입니다. 원래 경험담은 실패담이 좋습니다. 그러나 실패로 끝난 사람이 강사로서지는 않을 것입니다. 실패를 딛고 결국은 성공했기에 남들 앞에 선 것이 아니겠습니까?

실패담이든 성공담이든 진솔하게 말하는 것이 좋습니다. 으스대는 것이 아니라 "나는 이런 경험을 해봤다"는 식으로 담담하게 말하는 것이 요령입니다. 당신의 경험담을 듣고 교훈으로 삼느냐 마느냐는 청중의 몫입니다. 그럼에도 강사 중에는 자신의 경험담에서 '성공의 법칙' 같은 것을 만들어 청중에게 '주지시키려는' 경우가 많습니다. 경험담의 속성상 그렇게 됩니다. 저도 겸손한 자세로 담담하게 경험담을 말하겠다고 다짐하고 이야기를 시작했는데 어느 틈엔가 자기 자랑으로 흐르고 있음을 발견하고는 내심 당황할 때가 잦습니다. 그런 경험이 있기에 당신에게 이 말을 전하는 것입니다.

골프 용어에 티업(tee up)이란 것이 있습니다. 공을 치려고 티 위에 올려놓는 것을 말합니다. 강의에서도 티업이 있습니다. 강사를 소개하는 것을 말합니다. 강의를 시작하기 전에 사람을 띄워 주는 것이 강사 소개이기에 그렇게 표현합니다. 그런데 사실 강사를 소개하는 사람이 말하는 것은 단순한 경력일 뿐입니다. 강사의 에피소드를 말해줄 수는 없습니다. 강사에 대해 세세히 알 수가 없으니까 말입니다. 그래서 강의 중에 강사가 스스로 자기를 띄우게 됩니다. 그것을 셀프티업이라고 합니다. 한마디로 자기 자랑이지요.

솔직히 강사로서 자랑거리가 많은 것은 좋은 일입니다. 강사도 강단에 선다는 것은 그만큼 자랑거리가 많다는 것을 간접증명하는 것이 됩니다. 결국 그 자랑거리를 말해보라고 강단에 서게 했는지도 모릅니다.

그뿐만 아닙니다. 강사도 인간입니다. 자기 홍보를 하게 마련입니다. 당연히 해야 합니다. 오직 청중만을 위해 강단에 서는 사람이 어디 있습니까. 그 기회에 자기를 피알하는 것은 정상입니다. 문제는 노골적이라는 데 있습니다. 그러면 당장 거부반응을 일으키고 심하면 청중으로부터 야유를 들을 수도 있습니다.

따라서 셀프티업은 강의 내용 중에 은근슬쩍 끼워 넣어 해야 합니다. 자랑 같지 않게 자랑하는 것이 기술입니다. 프로의 방식입니다.

경험담을 말할 때 또 하나 주의할 것이 있습니다. 길게 늘어뜨리지 말라는 것입니다. 경험담은 의사보충의 수단이지 그 자체가 강의 주제는 아닙니다. 물론 요즘에는 자신의 경험담 하나만을 주제로 삼아 강의하는 때도 흔합니다(특히 TV 강의의 경우). 그런 경우라면 당연히 경험담을 중언부언하며 시간을 가득 채워야 합니다. 그런 경우가 아니라 강의 주제를 보충하기 위해 경험담을 말할 때는 길게 늘어뜨리지 말고 '쌈박하게' 말해야 합니다.

청중은 지루함을 잘 느낍니다. 빨리 핵심을 건드려주고 요점을 말해주기를 바랍니다. 중언부언하는 것은 질색입니다. 주제와 결론이 뻔한데 곁가지를 계속 건드리게 되면 당연히 짜증 납니다. 강의를 못하는 사람을 보면 별것 아닌 경험담을 대단한 영웅담이라도 되듯 길게 늘어뜨려 말합니다. 중언부언하면서 맥 빠진 강의를 합니다.

흥미도 긴장감도 핵심도 없는 강의가 명강의가 될 리 만무합니다. 세부묘사가 지나치면 아예 없는 것만도 못합니다. 무의미하고 관계가 없는 사건을 길게 늘여서 설명하면 누구라도 따분해할 것입니다. 결국 졸고 말 것입니다. 스피디한 전개, 절제된 표현, 압축된 설명과 빠른 장면 전환. 이런 것이 경험담을 말하는 요령입니다.

강단이라는 이름의 무대

강사가 서는 자리, 강사의 활동무대가 강단입니다. 높게 만들어진 무대의 형태이든 청중석과 구분 없이 평평하게 만들어진 것이든 말입니다. 강단에 서는 순간 강사는 '외로워'집니다. 수많은 사람의 눈총이 정말 총구처럼 다가옵니다. 가수 백지영 씨의 노랫말처럼 "총 맞은 것처럼" 정신이 없기도 합니다. 그래서 한자리에 꼼짝 않고 서서 강의하는 사람이 있습니다. 바로 아마추어입니다. 노련한 강사, 명강사들은 강단이라는 이름의 무대를 충분히 활용합니다. 강단에서 연출을 어떻게 하느냐를 보면 금방 강사의 수준을 알 수 있습니다.

얼마 전 명강사라는 사람의 강의발표회에 간 적이 있습니다. 강단을 잘 활용하라는 원칙은 알고 있는 것 같았습니다. 그런데 문제는 방법이었습니다. 줄기차게 좌우로 왔다 갔다 하는데 나중에는 정신이 없을 지경이었습니다. 혼란스럽고 짜증이 나더군요. 차라리 한자리에 붙박이처럼 있는 것이 훨씬 좋겠다 싶었습니다.

강단에 서면 일단 강의대를 중심으로 발을 안정적으로 벌린 자세로 자연스럽게, 그러나 늠름한 태도를 보이는 것이 기본자세입니다. 그리고는 강의의 진행에 따라 강의대를 벗어나 좌우로 서서히 움직이면서 청중에게 다가갑니다. 그러면 청중의 시선이 집중되며 강의 효과를 높이게 됩니다.

강단 연출은 강의의 내용에 맞춰 하는 것이 요령입니다. 그냥 왔다 갔다 하는 것이 아닙니다. 의미 있게 왔다 갔다 해야 합니다. 때로는 완전히 한쪽으로 옮겨가 그쪽의 청중하고만 이야기할 수도 있습니다. 때로는 강의대에 기대 여유 있는 모습을 연출할 수도 있습니다. 특히 청중과 강사의 거리가 멀거나 청중의 좌석 배치가 산만해 주의 집중이 잘되지 않을 때는 과감히 강단을 벗어나는 것도 방법입니다. 청중에게 접근함으로써 물리적, 심리적 거리를 단축하고 호흡일치를 도모하는 것이 좋습니다.

강의안을 활용하는 요령

앞에서 강의 계획을 세우고 강의안을 만드는 법을 배웠습니다. 명강의를 하려면 심혈을 기울여 강의안을 만들어야 한다고 했습니다. 그러면 강의안의 용도는 무엇입니까. 당연히 좋은 강의를 하기 위한 기본 자료입니다. 영화의 시나리오나 대본 같은 것입니다. 그럼에도 실제로 강의를 할 때 강의안을 들여다보면서 강의하는 사람은 별로 없습니다. 그렇다면 무용지물? 아닙니다. 완벽한 강의안을 만드는 과정 자체가 명강의를 훈련하는 것과 같다고 이미 말했습니다. 만약 강의안이 없다고 해봅시다. 강의 자체가 불가능해집니다. 그렇게 거꾸로 생각해보면 강의안의 중요성을 알 수 있습니다.

심혈을 기울여 애써 만든 강의안은 강의 과정에서 잘 활용할 필요가 있습니다. 강의 예행연습을 통해 강의안의 내용을 완전히 숙지함으로써 단 한 번도 강의안을 보지 않고 명강의를 할 수 있다면 좋습니다. 그렇지 못하다면 강의 과정에서 강의안을 보는 것도 괜찮습니다.

강의한다는 것이 강의안을 얼마나 잘 암기하고 있는지를 테스트하는 과정은 아닙니다. 따라서 강의하면서 강의안을 보는 것은 흉도 아니고 결함도 아닙니다. 사람 중에는 강의안을 보면 마치 아마추어 같은 인상을 줄까 봐 신경 쓰기도 합니다. 그러나 신경 쓸 이유도 창피할 까닭도 전혀 없습니다. 부담 갖지 마세요. 생각이 잘 나지 않는 부분이나 정확히 확인해야 할 것(사람의 이름, 지명, 연대, 통계, 어록 등)은 강의안을 들여다보면서 자연스럽게 기억을 되살리고 확인하면서 강의하면 됩니다.

강의안을 활용하는 것이 지나쳐 강의안에 너무 매달리면 문제가 됩니다. 강사 중에는 강의안을 교재로 삼아 그대로 읽어주다시피 하는 사람이 있습니다. 아니면 강의안에 약간씩 살을 붙여가며 해설하듯이 강의하는 사람도 있습니다. 마치 학교에서 영어 학습을 할 때 한 문장을 읽고 해석해주는 식입니다. 가장 멋없는 강의가 됩니다. 이쯤 되면 강의라 할 수도 없습니다.

목회자 중에 그런 식으로 강의(설교)하는 사람이 적지 않습니다. 연단에 설교안을 올려놓고는 계속 그것을 보면서 책을 읽듯이 말하는 것입니다. 그렇게 해서 청중의 마음을 움직일 수 없습니다. 아무리 강의안을 구어체로 작성했다 해도 읽는 것과 말하는 것은 다릅니다.

대중화술의 하나인 연설 방법에는 ①말할 내용을 줄거리 중심으로 준비한 후 살을 붙여가면서 하는 연설, ②내용을 완벽하게 암송해서 하는 연설, ③원고를 보고 낭독하는 연설, ④아무 준비 없이 즉흥적으로 하는 연설이 있습니다. 그중 가장 효과적인 방법은 말할 내용을 줄거리 중심으로 준비했다가 살을 붙여가면서 하는 준비연설(①)입니다. 마찬가지로 강의도 그런 방식이 좋습니다.

강의안은 구체적으로 완벽하게 작성해야 합니다. 하지만 그 강의안을 몽땅 외워서 암송하거나 그대로 낭독하는 식으로 강의해서는 안 됩니다. 강의안은 강의가 본궤도를 벗어나거나 논리전개의 순서가 뒤바뀌지 않도록 강의 도중에 슬쩍슬쩍 확인하는 정도로 활용하십시오. 그리고 강의안의 내용(줄거리)을 중심으로 '살을 붙여가면서' 해야 좋은 강의 방식이 됩니다. 그래야 생동감이 있고 현장감이 있는 살아 있는 강의가 됩니다.

강의가 끝난 뒤 사후조치를 하는 것도 매우 중요합니다. 강의를 마치자마자 실제로 강의한 내용이 기억에 생생할 때 해야 합니다. 강의안과 다르게 강의했거나 순서를 바꿨거나 추가로 이야기한 내용을 강의안에 기록해 관리하는 것입니다. 또한 예상과 달리 청중의 반응이 뜨거웠거나 썰렁했던 부분, 뜻밖에 폭소를 자아낸 이야기도 있을 것입니다. 청중의 좋은 질문이나 난처했던 질문도 있을 것입니다. 강의안에는 없지만 현장에서 생각난 것을 이야기한 것도 있을 것입니다. 강의안에 준비했지만 사용하지 않은 부분, 문제점, 또다시 강의하게 될 때 참고할 사항이나 반성도 있을 것입니다. 그런 것들은 강의안에 구체적으로 덧붙여 적어둡니다. 다음 강의에서 좋은 참고가 됩니다. 강의 내용이 점점 더 충실해집니다.

열정을 가지고 진지하게

●

"어떤 분야에서도 궁극적 힘이 되는 것은 목표를 향한 열정이다. 어떤 결과를 바라는 마음이 진실로 절실하면 바라는 결과에 도달하는 것은 거의 확실한 것이다. 선인이 되고 싶다면 선인이 될 것이요, 부자가 되고 싶다면 부자가 된다. 또 학자가 되고 싶다면 학자가 될 수 있다. 다만 그럴 때 필요한 것이 있다. 목적하는 것 이외에는 그것과 양립할 수 없는 여러 가지 일을 버리고 목적한 것만을 진실로 염원해야 한다는 것이다."

이 말은 저 유명한 하버드 대학 심리학 교수 윌리엄 제임스가 한 말입니다. 강의에서도 마찬가지입니다. 열정을 가지고 진지하게 열심히 하는 것이 매우 중요합니다. '지성이면 감천'이듯이 강의도 열과 성을 다해 온 힘을 다하면 청중은 감동하게 마련입니다. 말재간으로 강의하는 사람인지 진실한 마음으로 정성껏 강의하는 사람인지 청중은 금방 간파합니다. 땀을 뻘뻘 흘리며 진지하게 열변을 토하는 것 하나만 갖고도 청중이 명강의를 했다고 평가하는 경우가 적지 않음을 참고해야 합니다.

비록 강의 도중에 유머로써 청중을 웃기더라도 열과 성을 다해 진지하게 청중을 대하는 기본자세는 변함이 없어야 합니다. 느릿느릿, 하기 싫은 강의를 하듯, 상대방이야 듣든 말든, 자기가 할 이야기만 하는 식의 무성의한 강의로는 결코 청중의 마음을 사로잡을 수 없습니다.

빼어난 재주는 없을지라도, 나름대로 열심히 자료를 찾아내 논리적으로 구성하고 그것을 제대로 전달하고자 하는 열의를 가지고 온몸으로 강의를 해야 합니다. 그런 성실성, 열정, 강의의 깊이는 알게 모르게 청중에게 전달됩니다. 그럼으로써 청중은 서서히 강의에 빨려들게 됩니다. 강의가 끝난 후에 비록 환호성은 없을지라도 강사에 대한 호감은 인상 깊게 남게 마련입니다. 강의는 열정과 성의를 다해 진지하게 해야 합니다.

주제에 몰입하라

●

열정을 가지고 강의를 하라는 것은 포효절규의 소리를 지르며 꼭 땀을 뻘뻘 흘리며 하라는 것이 아닙니다. 목소리는 낮더라도 그 강의에 강사의 열정이 실려 있는지는 청중이 마음으로 느끼게 돼 있습니다.

강의하고자 하는 주제에 몰입해 청중에게 더욱 나은 내용을 전달하고자 하는 절실한 마음을 갖는 것이 중요합니다. 강의 주제에 대해 가슴으로 느끼는 것을 나름의 신념과 열의에 담아 청중과 열렬히 이야기를 나누고 싶어해야 합니다. 그래야 강사의 열정과 진정성이 청중에게 전달됩니다.

강사가 어떤 주제에 대해 열정이 있는지, 몰입하고 있는지를 아는 방법이 있습니다. 강사 자신이 이야기하고자 하는 주제에 대해 내심으로 어느 정도 흥분하고 흥미를 느끼고 있는지 자문해봄으로써 가능합니다. 그 자문을 통해 마지못해 강의에 임하는 것인지 아니면 스스로 그 주제에 깊이 빠져 흥분하고 있는지를 가늠할 수 있을 것입니다.

연기를 하는 것 같은 피상적 기교나 기계적인 자세, 동작 등 소위 '겉도는 강의 기법'으로는 명강의가 되지 않습니다. 자기 스스로 주제에 흥분하고 깊이 빠져서 성실하게 준비한 것을 애타는 심정으로 청중에게 전달하고자 할 때 비로소 명강의는 가능합니다.

조금만 신경 쓰면 명교수가 된다

●

이왕 강의법을 다루는 것이니까 대학교수들의 강의법에 대해 조금 다루겠습니다. 대학교수의 강의가 일반 프로 강사들과 다른 것은 '시간'의 문제입니다. 일반 강사들은 짧으면 50분 내외에 승부를 걸어야 합니다. 특강이라고 해봤자 100분 정도입니다. 프로그램으로 진행한다 해도 교수들의 강의와 비교가 안 됩니다.

교수들은 6개월 또는 1년 단위로 강의를 합니다. 그러므로 단시간에 승부를 걸기 위해 온갖 기법을 한꺼번에 총동원해야 하는 절박성은 없습니다. 또한 늘 대하는 제자와 스승의 관계이기 때문에 느긋할 수 있습니다.

그럼에도 "교수가 뭐 저래?" "실력이 좋으면 뭐하냐, 강의를 못하는데." "그 교수 아직도 학교에 붙어 있어?"라는 평을 듣는 사람이 적지 않습니다. 프로 강사들의 처지에서 보면 사실 답답합니다. 신분이 보장되다 보니 시장에서 치열하게 평가받아야 할 프로 강사들보다 여유가 있기 때문일 것입니다. 만약 법이 정해져 '학생 평가에서 낙제하면 즉각 해임된다'고 해보세요. 상황은 달라질 것이 뻔합니다. 그러니 이것은 열정의 문제요 본분의 망각이라고 생각합니다.

다행히 요즘 들어 학생들의 불만이 커지면서 강의법 컨설팅 또는 강의법 과외를 실시하는 대학이 늘어나고 있습니다. 서울대에서는 75분 수업을 분, 초 단위로 세밀히 기록한 분석표를 가지고 질문의 횟수라든가 학생 참여도, 열정 등을 체크하기도 한답니다.

"한곳에 서서 강의하지 말고 공간을 최대한 활용해 움직이면서 말씀하세요."

"말이 빨라서 정신이 없습니다."

"학생들의 수업 참여도를 점수에 반영하겠다고 해놓고 실제로는 혼자서만 말씀을 다하고 끝났습니다."

교수들에 대한 강의법 체크를 통해 나온 이야기들입니다. 사실 교수로서 강의법 컨설팅을 받는다는 것이 자존심 상하는 일일 수 있습니다. 자신의 강의 장면을 화면으로 보는 것은 누구나 고역입니다. 저도 제 강의 장면을 찍은 동영상은 혼자서 봅니다. 그만큼 얼굴이 화끈거리고 창피한 생각마저 듭니다.

그러나 조금만 생각을 바꾸면 강의 과외를 받는 것이 창피한 것도 자존심 상하는 것도 아닙니다. 학생들에게는 평생 공부하라면서 자신이 공부하지 않는 것이야말로 잘못입니다. 스스로 강의법 코치를 받는 교수라면 정말 멋진 교수입니다. 넉넉히 잡아 한 학기만 고생하면 정년 때까지 아니 그 이후에도 명교수로 칭송받을 수 있습니다. 그런데 왜 마다합니까.

교수의 강의법이라고 유별난 것은 아닙니다. 이 책에서 다룬 강의법이 두루 다 적용됩니다. 오히려 교수들은 강의법을 교정하기가 쉽습니다. 대부분 같은 학생들을 상대하기 때문에 학생들의 불만과 욕구를 파악하기도 쉽습니다. 피드백 받기도 좋습니다. 또한 조교를 비롯해 쉽게 도움받을 사람도 있습니다. 그러므로 조금만 노력하면 확 달라진 강의를 할 수 있습니다. 대학교수가 강의법 향상을 도모하고자 할 때 다음과 같은 점을 참고하면 큰 도움이 될 것입니다.

- 강의를 잘한다고 소문난 교수의 교수법을 탐구하세요. 부끄러울 것 없습니다. 학생들이 몰리는 인기 있는 강의라면 분명히 그만한 이유가 있습니다. 그 점을 자세히 분석해야 합니다.
- 빠르게 진화하는 학생들의 의식과 수준을 이해해야 합니다. 그러기 위해서는 지금까지 해왔던 교육 내용에서 환골탈태한다는 각오를 해야 합니다. 학생의 관점에서 생각하고 가르치는 것이

중요합니다. '너 따로 나 따로'의 '따로국밥'이 되면 끝장입니다.

- 학생들이 어떤 강의를 원하는지, 교수에게 무엇을 바라는지, 어떻게 가르치면 좋을 것인지를 학기마다 간단히 설문하세요. 설문 결과를 보면 고통스러울 수 있습니다. 그러나 아프게 말한 학생일수록 교수에게는 귀한 존재입니다(때로는 악의적인 '나쁜 학생'도 있겠지만). 그 의견을 어떻게 수렴해 학습에 반영할 것인지 연구해야 합니다.

- 우선 강의 시간마다 강의할 내용의 주제를 선언하세요. 물론 어떤 주제는 하루의 강의로 끝나지 않고 오래 걸릴 수도 있습니다. 어쨌거나 학생들이 이번 강의에서 무엇을 배우는 것인지 확실히 인식시켜야 합니다.

- 강의안이 수년 된 것이라면 문제입니다. 박사학위도 5년이 한계라고 하는 세상에서 오래된 강의안으로 계속 강의한다는 것은 있을 수 없습니다. 설령 오래된 학문을 가르친다 하더라도 매년 트렌드가 다르고 변화한 것이 있을 것입니다. 그렇기 때문에 강의안은 매년 새롭게 작성해야 합니다. 나중에 역사로서의 가치도 있습니다.

- 강의할 때 책을 해설해주는 것 같은 강의는 빵점입니다. 교수들의 강의에서 가장 큰 문제가 바로 이것입니다. 책을 읽으면 될 것을 무엇하러 강의실에 앉아 있어야 하는지 학생들은 회의합니다.

- 어떻게 해서든지(교수들은 자료 탐색이나 연구의 방법을 잘 아니까) 책

에서, TV에서, 신문에서 듣도 보도 못한 새로운 정보로 강의해야 합니다. 그래야 학생들의 호기심을 자극하고 불만을 없앨 수 있습니다. 너무 중요해서 다시 강조하지만, 책을 읽는 것 같은 강의라면 당장 때려치우세요. 새로운 사실을 알려주지 못하는 강의라면 당장 끝장내야 합니다.

- 책에서 찾을 수 없는 귀한 자료, 새로운 정보들은 강의 때 말이나 슬라이드로 그냥 전달하면 안 됩니다. 그러면 학생들은 필기하느라고 바쁩니다. 무엇을 들었는지 모릅니다. 저는 중학교 교사 시절에 다음번에 학습할 자료를 유인물로 만들어 1주일 전에 배부하곤 했습니다. 곰곰이 생각해봤더니, (당시에) 중고교생들의 전체 학습 시간 중 3분의 1 정도가 필기에 투입되는 것 같았습니다. 그래서 학교에 부임한 지 1주일부터 '무필기' 학습을 창안해 시도했습니다. 40년 전의 일입니다. 대학교에서 경영학원론을 강의할 때는 강의 시간마다 강의할 것을 교과서에 없는 완전히 새로운 자료로 만들어 배부하고 그것에 따라 강의했습니다. 기본 교과서는 미리 읽어두라고 했습니다. 제가 교과서에서 참고한 것은 책의 목차 정도입니다. 강의 진행 순서를 맞추기 위해서였습니다. 학생들의 반응요? 상상에 맡깁니다.
- 최신 학습도구를 최대한 활용하기 바랍니다. 파워포인트는 기본입니다. 시시각각 등장하는 최신 학습도구를 끌어들여 대학교다운 강의, 교수다운 강의가 이뤄져야 합니다. 그래서 학생들의 입에서 "와!"라는 감탄사가 나올 정도가 돼야 합니다.

- 끝으로 학생들과 소통해야 합니다. 친해져야 합니다. 존경을 받아야 합니다. 학생을 '어린아이'로 보는 것은 큰 잘못입니다. 가장 무서운 것이 제자입니다. 불과 몇 년 후에 그들이 사회에 나가 어른이 됨을 항상 기억해야 합니다. 그것을 생각하면 강의는 물론이고 언행이 조심스러울 수밖에 없습니다. 존경하는 교수가 돼야 그의 강의가 존경스럽게 다가옵니다. 수시로 대화를 나누십시오. 그들이 무엇을 원하는지, 무엇에 목말라 하는지 알아야 합니다. 스스럼없이 피드백을 받아 다음번 강의에 적용하고 개선하십시오. 그래야 꾸준히 명강의, 명교수라는 평판을 이어갈 수 있습니다. 그런 교수에게서 공부한 학생이 사회에 나가 잘될 것은 물론입니다. 졸업 후에도 사제간의 인연이 이어집니다.

강의 마무리

●

강의는 강사가 의식하고 있건 없건 다음과 같은 네 가지 중 어느 한 가지 이상의 목적이 있습니다.

- 설득하거나 행동으로 옮깁니다.
- 지식이나 정보를 제공합니다.
- 감명을 주고 확신시킵니다.
- 즐겁게 해줍니다.

강의를 끝내야 할 때가 되면 머릿속에 이런 목적을 어느 정도 달성했는지 판단해야 합니다. 마무리를 통해 위의 네 가지 목적을 더듬어 요점 정리를 하는 것이 좋습니다. 그러지 않으면 청중은 막상 강의가 끝나고 과연 무엇을 들었는지 헷갈릴 수 있습니다. 강의 마무리는 강의 중에 미흡했던 것, 강조할 것 등을 한 번 짚어보는 과정입니다. 간과할 수 없는 중요성이 있습니다. 강의 마무리는 다음과 같이 합니다.

- 강의를 끝낼 때는 반드시 강의 중점을 다시 한 번 강조함으로써 강사가 말하고자 했던 바가 무엇이었는지를 상기시켜 줍니다.
- 청중에 대한 강사의 기대나 바람을 말합니다.
- 강의 도중에 실수가 있었거나 추후 시비의 여지가 있다고 판단되는 내용, 강의 효과를 위해 부득이하게 사용했던 속어 등 부적절한 말에 대해 짧게 해명하거나 양해를 구합니다.
- 필요하다면 질문을 받습니다.
- 경청해준 데 대해 감사의 인사를 하고 강의를 종결합니다.
- 판서를 했다면 그 내용을 모두 지우고 하단하는 것이 원칙입니다.

<h1 style="text-align:center">•이런 강의는 실격이다•</h1>

• 자아도취

강사 중심, 일방통행의 강의 스타일입니다. 뜻을 알 수 없는 난해한 전문용어를 남발하거나 통계수치를 지나치게 나열하는 권위주의적 강사들에게서 흔히 보는 스타일입니다.

• 판박이

언제나 같은 강의안으로 같은 소리만 해대거나 강의 자료를 읽어주는 것 같은 강의 스타일입니다.

• 수면제형

같은 톤의 목소리로 고저강약도 없이 혼자 중얼거리듯 하는 강의입니다. 이런 강의는 청중을 지루하고 따분하게 합니다.

• 탈선

주제를 벗어나 도대체 무슨 이야기를 하려는 것인지 횡설수설하는 강의 스타일입니다.

• 훈시

일방적으로 훈계조로 계속하는 스타일입니다. 청중은 자랑보다는 실패담에 오히려 강한 호감을 느낍니다.

• 자기 비하

필요 이상으로 자기를 낮추는 스타일입니다. 강사의 권위가 무너지면 강의 효과도 낮습니다.

• 이론 전용

자기 철학이나 나름의 연구와 주장이 없이 다른 사람의 연구 결과나 다른 사람의 책을 너무 많이 인용하는 강의 스타일입니다.

• 과잉 연기

제스처가 필요 이상으로 크고 행동이 번잡스러우며 요란을 떨면서 하는 강의 스타일입니다. 우리나라 사람이 잘 사용하지 않는 외국영화에서나 볼 수 있는 제스처, 표정을 짓는 것 등이 있습니다.

- **포효절규**

  계속해서 열변을 토하고 울부짖는 강의입니다. 성질이 급하거나 열정적인 강사 중에 이런 스타일이 많습니다.

- **연속 질문**

  말끝마다 "그렇죠." "알겠습니까?" "대답해봐요?" 식으로 질문을 던지는 강의 스타일로 청중이 불안을 느낍니다.

- **코미디**

  처음부터 끝까지 손짓, 몸짓, 표정으로 계속 웃기는 강의 스타일입니다. 강의에서 유머가 중요하기는 하지만 유머 속에도 교훈이 있어야 하며 감흥이 있어야 합니다.

- **저질**

  음담패설, 욕지거리 등 저질인 언동을 과다하게 사용하는 강의 스타일입니다.

"강의에 대해 겸허하라.
'참 강의를 잘하십니다'라는 말에 현혹되지 마라.
강의는 아주 사소한 요인에 의해 크게 실패하는 경우가 많다."

6단계 ✓ 체크하기

☐☐☐ 이제 7단계로 넘어갈 준비가 됐습니까?

7단계: 강의 효과를 더 높이는 기술

"어떻게 하면 강의 효과를 더 높일 수 있을까? 궁리하라.
그러면 마법과 같은 일이 벌어진다."

지금까지 강의 계획을 세우는 것에서부터 콘텐츠를 구성하고 강의안을 작성해 실제로 강의를 하는 전 과정을 훈련했습니다. 그러나 그것만으로는 부족합니다. 명강의 명강사라는 평판을 이끌어내려면 남과 다른 '무엇'이 더 필요합니다. 온갖 지혜와 방법을 동원해 강의의 질과 수준을 높여야 합니다. 할 수 있는 모든 것을 해야 합니다. 이 단계에서는 명강의를 위해 강의 효과를 더 높이는 기술과 요령을 배우겠습니다. 그것은 사람마다 다를 수 있습니다.

제가 아는 전문강사는 강의를 썩 잘하는 편은 아닙니다. 언변으로만 보면 그렇습니다. 그럼에도 청중에게 인기가 있습니다. 어떻게 언변이 없는 사람이 청중에게 인기가 있을까요? 말재간에 자신이 없다고 생각한 그는 자신의 강의법을 보강하는 길을 택했습니다. 무엇으로 자신을 특화할 것인지 깊이 생각했습니다. 그러다가 학창시절에 남보다 좀 낫다고 평가받던 특기를 활용하기로 했습니다. 바로 '노래'였습니다.

이미 나이가 들어 좋은 목소리도 아니고 자신이 없었습니다. 하지만 성악을 배우기로 했습니다. 그렇게 반년 정도 지나자 그런대로 성악가 흉내를 낼 수 있는 상황이 됐습니다. 그 정도면 일단 써먹자고 판단한 그는 강의 내용과 연결되는 노래를 몇 곡 선곡했습니다. 그리고는 강의 때 활용합니다.

결과가 어떤지 아십니까? 강의가 지루하다 싶을 때 성악 실력을 뽐내며 노래를 부르는데 청중의 반응이 거의 폭발적입니다. 덩달아 강의를 잘하는 명강사로 소문났습니다. 솔직히 노래와 강의 내용은 별로 상관관계가 없습니다. 그럼에도 청중은 착각을 일으킵니다. 강의 전체의 흐름과 분위기를 보고 종합적으로 평가합니다. 그래서 결과적으로 명강의 명강사가 된 것입니다.

이렇듯 방법은 다양합니다. 요령은 많습니다. 문제는 당신이 그것을 선택하느냐 마느냐에 있습니다. 실행하느냐 마느냐에 있습니다. 당신이 명강의 명강사를 꿈꾼다면 지금의 그 수준에 만족할 것이 아닙니다. 강의 효과를 보충할 수 있는 당신만의 비책을 연구해야 합니다.

시청각 도구로 강의 효과 높이기

●

"도표는 말로 설명하는 것보다 설득력이 있다. 그림이나 사진은 도표보다도 훨씬 설득력이 있다. 어떤 사물을 설명하는 가장 이상적인 형태는 요소요소를 그림이나 사진으로 설명하고 말은 단지 그것을 연결해주는 역할만 하는 것이다. 대인접촉에서는 사진이나 그림이 입으로 설명하는 것보다 훨씬 효과적이라는 것을 깨달았다."

NCR의 창시자 존 H. 패터슨의 말입니다. 그렇습니다. 백문이 불여일견입니다. 강의에서 시각적 자극이 청각적 자극보다 25배 정도 주의력 집중 효과가 크다고 합니다. 그러므로 강의에서 시각적 보조수단을 최대한 활용함으로써 강의 효과를 높여야 합니다.

최근에 이르러 파워포인트를 이용한 강의가 대세를 이루고 있습니다. 결국은 강의 효과를 높이기 위한 수단입니다. 그뿐만 아니라 파워포인트, 프레지 등 스토리를 담을 수 있는 프레젠테이션 도구가 있기 때문에 강의 화술이 뛰어나지 않은 사람도 얼마든지 명강의를 할 수 있는 시대가 됐습니다. 열정만 있고 노력을 하면 누구나 명강의를 할 수 있습니다. 시각적 자료를 활용할 때는 청중이 감탄할 만큼 기발한 표현 방법을 창안하는 것이 중요합니다.

제가 아는 유명한 K씨는 1시간 강의를 하면서 무려 200매 정도의 파워포인트 화면을 올렸습니다. 이를테면 물량 공세입니다. 이 정도면 '언변'이란 무색해집니다. 또 어떤 이는 화면의 한쪽에 여성의 사진을 올려놓고 자신이 화면의 나머지 여백 속으로 들어가(그림자로) 그 여성과 대화하는 식으로 연출하기도 합니다. 그럼으로써 청중의 탄성을 자아내는 것입니다.

저는 예전에 화면 속에 나타나는 여성을 통해 퀴즈를 내고 청중이 맞히면 여성이 비키니 차림으로 나타나게 해 청중의 탄성을 끌어내기도 했습니다(요즘에 그렇게 하면 성희롱 운운하며 항의받을 것입니다). 방법은 많고 요령도 무궁무진합니다. 강사에 따라 기발한 사람은 많고도 많습니다. 문제는 얼마나 창의력을 발휘해 깊이 연구하느냐에 있습니다. 유능한 강사는 강의 내용을 시각적으로 재구성해 청중에게 보여주는 일에 능합니다. 그런 도구를 사용하는 기법과 유의사항은 다음과 같습니다.

- 시각과 청각을 결합할 수만 있다면 당연히 그렇게 하는 것이 좋습니다.

- 강의 내용을 판서, 그림, 컴퓨터 화상, 도표, 모형 등 전시물, VTR 동영상 등 시각적 자료로 만들 수 없는지 깊이 궁리하십시오. 그렇게 할 수 있다면 만들도록 합니다.

- 별 의미 없는 것을 쓸데없이 시각적 자료로 만들 때 오히려 강의의 흐름을 끊고 청중의 흥미를 반감시킬 수 있습니다.

- 학교식 수업이 아닌 일반 강의에서 시청각 보조자료를 지나치게 많이 사용하는 것은 좋지 않습니다. 파워포인트를 사용할 때도 학술적 프레젠테이션이 아닌 한 최근에 이르러 1시간에 10장면 내외를 사용할 정도로 제한하고 있는 경향입니다.

- 도표를 사용하는 경우에는 잘 볼 수 있을 정도의 크기여야 합니다. 지나치게 많이 사용해서도 안 됩니다. 보는 사람이 싫증이 날 수 있습니다.

- 시청각 자료가 전시물일 경우 사용하기 전에는 감춰둡니다. 이야기하는 동안에 그 전시물을 청중에게 보일 필요가 없습니다. 주의를 분산시키기 때문입니다.

- 화려한 화면과 동영상 만들기로 시간을 낭비하는 것은 아닌지 돌아볼 필요가 있습니다.

- 파워포인트 슬라이드의 화면 구성은 단순화시켜 강렬한 인상과 메시지를 줘야 합니다.

스팟으로 강의 효과 높이기

'스팟'이란 점, 장소, 현장, 잠깐이라는 의미가 있는 말입니다. 스팟뉴스, 스팟광고라는 말에서 보듯이 프로그램과 프로그램 사이의 짧은 방송(활동)을 말합니다. 강의에서 스팟이라고 하면 막간을 이용한 분위기 전환용 활동을 말합니다. 대개 '청중을 활용(함께)해 직접 웃음을 유도하는 활동'들입니다. 놀이, 게임과 같은 형태를 떠올리면 쉽게 이해가 될 것입니다. 이 기법은 무궁무진합니다. 만들면 모두가 스팟이 된다고 해도 과언이 아닙니다. 효과가 좋으냐 나쁘냐는 별개의 문제고요. 그러므로 여기서 모두 다룰 수는 없습니다. 많은 기법을 터득하려면 스팟만을 다룬 책을 구해서 공부해야 합니다.

일반적인 스팟 기법은 헤아릴 수 없이 많습니다. 짧게는 5분 정도, 길게는 1시간 이상 진행하는 별도의 프로그램이 될 수도 있습니다. 강의와 관련한 스팟으로 한정하면 그 숫자가 확 줄어들게 됩니다. 여기서는 청중의 흥미를 유도하고 강의의 분위기를 좋게 하는 유머 관련 스팟을 몇 가지 살펴보겠습니다.

스팟을 배우기 전에 먼저 생각해볼 것

강의와 관련해 스팟을 하게 되는 경우는 어떤 경우입니까? 그 강의가 아예 놀이나 게임에 관한 것이 아닌 한 스팟은 강의 효과를 높이기 위한 보조수단으로 아주 짧게 진행해야 한다는 한계가 있습니다.

우선, 시간상으로 강의의 도입 부분에서 아이스브레이크의 방법으로 스팟이 시도될 수 있습니다. 강의 도중에 분위기를 전환하기 위해 틈새 시간을 이용해 짧은 스팟을 시도할 수도 있습니다. 청중이 의자에 앉아 있다는 점을 고려하면 방법에서도 스팟이 단순할 수밖에 없습니다. 그런 점을 고려하면 강의에 스팟이 도입될 여지는 그렇게 넓지가 않습니다.

강사들이 강의를 진행하다가 스팟을 시도하는 것을 잘 살펴보면 다음과 같이 5~6가지 정도에 불과합니다. 그러나 이것만이라도 잘 활용하면 강의가 좀 더 흥미있고 재미있을 수 있습니다. 이에 덧붙여 당신 특유의 스팟은 어떤 것이 있을지 연구해보는 것도 좋을 것입니다. 다음은 제 책『한바탕 웃기기』에서 인용했습니다.

인사하기

강의 시작 초입에 활용됩니다. 아이스브레이크의 전형입니다. 강사의 요청에 따라 청중과 강사, 또는 청중과 청중 간에 인사를 나누게 함으로써 분위기를 전환하는 스팟입니다. 인사말은 강사가 정하기 나름입니다. 안녕하세요, 반갑습니다, 사랑합니다, 고맙습니다 등이 동원됩니다. 청중끼리 마주 보고 인사를 나눌 때 손을 잡게 하거나 포옹을 유도하기도 합니다.

조금 더 재미를 더하기 위한 방법도 있습니다. 인사를 나눈 후 30초 정도 상대방의 첫인상에 대해 느낀 점을 칭찬해주는 게임을 합니다. 이름 외우기를 테스트하는 게임도 있습니다. 요령은 이렇습니다. 강사의 지시에 따라 옆 사람, 앞뒤 사람과 인사를 하며 이름을 말하게 합니다. 그런 직후 사회자가 지정하는 사람(예: 옆 사람끼리, 또는 앞사람과 뒷사람 간에)들이 서로 이름을 부르게 합니다. 맞으면 "사랑합니다"라고 외치면서 포옹합니다. 이름을 빨리 알고 빨리 친해지도록 하는 스팟입니다.

그 과정에서 자연스레 분위기를 좋게 하고 웃음을 이끌어내는 것입니다. 어떤 식으로 하면 더 재미있는 당신 특유의 인사하기 스팟이 될 것인지 아이디어를 짜내기 바랍니다.

몸풀기

청중으로 하여금 몸을 풀게 함으로써 웃음을 유도하는 방법입니다. 당신도 청중으로서 해본 경험이 있을 것입니다. 기지개를 켜는 방법도 있고 청중끼리 마주 보게 하거나 등을 돌리게 해 상대방이 어깨를 주물러주거나 안마하는 식으로 몸풀기를 하게 됩니다. 이때 강사가 안마해주는 요령을 설명합니다. 그리고 '하나 둘 셋 넷' 식으로 구령을 붙여서 박자에 맞춰 안마하게 하거나 음악을 틀어주고 그에 맞춰 안마하게 하기도 합니다. 몸풀기 자체가 유머는 아닙니다. 하지만 그런 스팟을 하게 되면 자연스럽게 웃음이 터지고 분위기가 좋아집니다. 이때 "가슴 쪽으로는 손이 넘어오지 않게 하세요" 따위의 재미있는 추가적 멘트를 해줌으로써 상황을 유머러스하게 몰아가기도 합니다.

박수치기

강의를 잘하기로 소문난 Y씨. 그는 강사가 소개되고 단상으로 올라갈 때 환영의 뜻으로 보내는 청중의 박수를 연결고리로 해 아이스브레이크를 시도합니다. 꽤 괜찮은 방법이라 생각됩니다.

그는 박수소리가 크면 큰 대로 작으면 작은 대로 시비를 겁니다.

"박수소리를 보니 별로 반가워하지 않는 것 같네요."

이렇게 능청을 떤 뒤 "다시 한 번 손뼉을 쳐봅시다"라고 하면서 "지금 손바닥이 아프게 손뼉 친 사람은 복 받을 겁니다"라는 식으로 이어갑니다. 박수를 매개로 해 웃음을 자아내면서 자연스레 분위기를 유머 분위기로 몰아가는 것입니다.

손뼉치기는 강의 스팟의 중요 아이템 중 하나입니다. 아이스브레이크 과정에서도 유용하지만 강의 중간마다 적절히 활용할 수도 있습니다. 간단하면서도 활용도가 높습니다. 그 방법 하나만 잘 개발해도 스팟의 덕을 톡톡히 볼 수 있습니다.

손뼉을 치는 요령은 '3·3·7박수'에서부터 '세균박수'에 이르기까지 얼마든지 만들 수 있습니다. 요령은 이렇습니다.

"사람의 손바닥에는 약 10만 마리의 세균이 살고 있답니다. 그런데 손뼉을 치면 세균이 죽습니다. 다 같이 손뼉 한 번 시작! '짝!' 손뼉 한

번에 세균 5000마리가 죽었습니다. 자, 그러면 다 같이 2만 마리의 세균을 죽여볼까요? 세균박수, 시~작!”

손뼉치기는 강의를 끝낼 때 활용하기도 합니다. 강사 중에는 청중과 호흡일치가 돼 그날의 강의가 매우 잘 됐다고 생각됐을 때 강의를 끝내면서 다음과 같이 손뼉치기 스팟을 합니다.

“여러분이 경청해주셔서 강의가 잘 마무리된 것 같습니다. 제 평생 소원이 있습니다. ‘우리의 소원은 통일’이라지만 제 소원은 기립박수를 받아보는 겁니다. 오늘 그 소원이 이뤄질지 모르겠습니다. 여러분, 안녕히 계십시오. 감사합니다.”

그리고는 고개를 깊숙이 숙여 인사를 합니다. 그러면서 두 손으로는 기립하라는 사인을 보냅니다. 당연히 폭소가 터집니다.

웃기

‘웃으면 복이 온다’ ‘웃으면 건강해진다’는 이론을 근거로 시간을 정해놓고 웃게 하는 것이 일반적입니다. ‘3초 웃기’ ‘10초 웃기’ ‘15초 웃기’를 합니다. 그런데 ‘15초 웃으면 2일 더 오래 산다’는 의학계 의견에 따라 15초 웃기를 많이 합니다.

‘스마일 버튼’ 놀이라는 것도 있습니다. 예를 하나 들어보겠습니다. 청중을 서로 마주 보게 합니다. 앞사람 웃옷의 첫 번째 단추는 5초, 두 번째 단추는 10초, 세 번째 단추는 15초로 정해놓습니다. 그러고는 상대방이 어떤 단추를 누르냐에 따라 그 시간만큼 웃게 하는 것입니다. 그런 스팟을 하다 보면 자연스럽게 폭소 분위기로 몰아갈 수 있습니다.

합창하기

강사가 미리 생각하는 노래를 단체로 부르게 하는 것입니다. 당신도 해봤을 것입니다. 어깨동무하고 노래를 하게 하거나 무릎손뼉을 치면서 하기도 합니다. 또는 반주 음악을 틀어주고 따라 부르게 하기도 합니다. 노랫말로 재미있게 개사한 것을 파워포인트 슬라이드로 비춰주고 부르게 하기도 합니다. 이때 중요한 것은 강의 내용과 연결할 수 있는 선곡을 하는 것입니다.

퀴즈 풀기

청중에게 퀴즈를 던지고 맞히게 하는 스팟입니다. 이때 난센스하고 황당한 퀴즈일수록 웃음을 유도하기가 쉽습니다. 예를 들면, 세상에서 제일 일찍 자는 사람은? 답: 이미자. 이미자 씨보다 두 배로 노래를 잘하는 사람은? 답: 죽은 사미자. 아프리카에서 추장보다 높은 사람은? 답: 고추장. 전 세계에서 싸움을 가장 좋아하는 나라는? 답: 칠레.

꼭 난센스 퀴즈가 아니더라도 괜찮습니다. 예를 들면, 강의 내용 중에서 특정한 것에 대한 질문을 하고 청중의 답을 유도합니다. 이때 그것이 스팟이 되게 하려면 정중 산에 경쟁을 시켜 웃음을 유도하거나 상품을 주는 것이 요령입니다. 상품은 미리 예고하는 방법도 있고 때로는 예상치 않은 상태에서 불쑥 주기도 합니다. 그래야 웃음이 나옵니다.

자, 어떻습니까? 당신도 할 수 있겠습니까? 자신이 있습니까? 방법은 많습니다. 관심을 두고 스팟 관련 책을 뒤지거나 다른 사람의 스팟 중에 당신의 강의에 이용할 수 있는 것을 선정해 비장의 무기로 활용하기 바랍니다. 스팟은 청중을 활용해 직접 웃음을 이끌어내고 강의 분위기를 좋게 하는 것입니다. 그만큼 효과가 확실합니다. 유머구사에 자신이 없는 사람도 스팟은 할 수 있습니다.

스팟에 대한 몇 가지 아이템만 가지고 있어도 강의 현장에서 요긴하게 활용하고 분위기를 장악할 수 있습니다. 그럼에도 당신이 아직 스팟 아이템을 가지고 있지 않다면 심각하게 반성해봐야 합니다. 아직 명강의를 하려는 의지가 없기 때문입니다.

□□□ 당신이 즐겨 사용하는 스팟은 무엇입니까? 앞으로 어떤 스팟을 사용하려고 구상하고 있습니까? 기록해봅시다.

스팟을 시도할 때 유의사항

분위기를 좋게 하려고 시도한 스팟이지만 자칫 잘못하면 엉뚱한 사태를 몰고올 수 있습니다. 그런 경우가 적지 않습니다. 강의의 품격이나 청중의 종류에 따라 반응이 다르기 때문입니다. 따라서 다음과 같은 사항을 유의해 잘 활용하기 바랍니다.

- 스팟 자체가 유머러스한 것은 아닙니다. 그것을 진행하는 과정에서 왁자지껄해지면 웃음이 나오게 됩니다. 그때 강사의 애드리브나 추가적 멘트가 어떠냐에 따라 폭소가 나올 수도 있습니다. 따라서 당신이 선택한 스팟은 어떤 식으로 진행할 때 웃음이 나오고 효과가 좋은지 용의주도하게 계산해야 합니다.

- 강의 내용과 스팟을 어떻게 연결할지 궁리해야 합니다. 그것이 고수의 스팟 전략입니다.

- 저질의 스팟, 치졸한 스팟은 곤란합니다.

- 절대로 길게 끌어서는 안 됩니다. 분위기 전환을 위해 웃음을 유도하는 것으로 길어도 1~3분 이내로 끝내야 합니다.

- 청중을 곤혹스럽게 하거나 귀찮게 하는 동작을 강요해서는 안 됩니다. 청중이 즐겁게, 흔쾌히 참여할 수 있는 것으로 합니다.

- 청중의 질과 수준을 고려해야 합니다. 노인대학에서 할 수 있는 스팟과 주부대학에서 할 수 있는 스팟이 다릅니다. 대학교수들에게 할 수 있는 스팟도 다를 수밖에 없습니다. 교장 선생님들의 워크숍에서 강사가 유치원생들에게 할 만한 게임을 시도했다가 "당신 지금 뭐하는 거냐?"는 힝의를 받은 사람도 있습니다.

유머로 강의 효과 높이기

강의 효과를 높이는 데 있어 유머의 가치는 절대적이라 할 만합니다.

기업에서 강의 요청을 할 때 "강사님, 될 수 있는 대로 재미있게 해주시기 바랍니다"라고 말하는 교육담당자가 많습니다. 그런 요구를 하지 않는 교육담당자라도 내심은 마찬가지입니다. '재미'란 한마디로 유머러스하게 강의를 해달라는 이야기입니다.

유머! 강사들이 가장 스트레스를 받는 것의 하나가 바로 유머입니다. 대다수 강사는 어떻게 해서 재미있는 강의를 할까 전전긍긍하며 유머를 구사하기 위해 여러 면으로 노력을 합니다. 그래서 명강의를 하고자 하는 욕구가 강한 사람일수록 유머구사에 대한 스트레스가 심해집니다. 그런 강사들은 강의 도중에 청중이 웃지 않거나 재미있어 하는 기색이 없으면 불안함을 느낍니다. '유머 콤플렉스'입니다.

강의에서 유머가 중요하기는 합니다. 하지만 지나치게 집착하는 것은 좋지 않습니다. 하물며 콤플렉스가 되면 곤란합니다. 그렇게 되면 오직 유머에 매달리게 됩니다. 자칫하면 저질 유머, 저질 강의, 수준 낮은 강사로 변질하기 쉽습니다. 개그나 코미디 강의가 아닌 한 유머는 유머로 끝나야 합니다. 사생결단하듯 웃기는 데 매달릴 필요는 없습니다. 재미있게, 그리고 청중의 주의를 집중시켜 명강의를 하는 방법은 얼마든지 있습니다.

앞에서 스팟을 배웠듯이 꼭 웃기는 방법이어야만 청중의 흥미를 이끌어내는 것은 아닙니다. 다만 강의의 흥미를 돋우고 재미있게 하는 유용한 수단의 하나가 유머이기에 그 기법을 익히자는 것입니다. 유머 그 자체의 노예가 되라는 것은 결코 아닙니다. 그 점을 이해하고 적절한 유머구사 능력을 키워야 합니다.

유머구사를 잘하는 강사가 되려면 당연히 집중적인 연구와 훈련이 필요합니다. 그러나 강의를 재미있게 하는 정도의 유머구사라면 몇 가지 요령만 터득하면 됩니다. 절대 어렵지 않습니다. 이 책은 유머에 관한 책이 아니므로 여기서는 일반적인 요령 몇 가지만 다룹니다(강의유머를 어떻게 창작하고 구사하는지에 대해서는 제 책『한바탕 웃기기』와『멋지게 한말씀』에 집대성돼 있으므로 참고하면 좋을 것입니다).

강의유머의 유형

강의유머는 크게 두 종류로 나눌 수 있습니다. 하나는 강의안을 만들 때부터 치밀한 계획에 따라 구사하는 '준비유머'이고 다른 하나는 강의 과정에서 상황에 따라 구사하는 '즉석유머'입니다.

즉석유머는 '현장유머'라고도 합니다. 말 그대로 강의 현장에서 즉흥적으로 구사하는 것입니다. 강사의 유머 감각이나 입담, 소질 등이 크게 작용합니다. 따라서 어느 정도 유머 소양과 자질이 있어야 가능합니다. 준비유머는 유머구사를 위한 관심과 노력만 있다면 누구나 쉽게 구사할 수 있습니다. 따라서 유머에 자신이 없다면 준비유머에 집중하면 됩니다.

준비유머는 이렇게

준비유머를 잘하고자 하면 말 그대로 '준비'가 필요합니다. 평소에 유머를 수집하고 관리하라는 말입니다. 저도 컴퓨터에 방을 마련하고 줄기차게 유머를 모으고 관리합니다. 자, 준비유머의 고수가 되는 법을 알려드립니다. 꼭 이대로 하기 바랍니다.

첫째, 유머를 수집해야 합니다. 요즘은 인터넷, 신문, 책을 보면 유머에 관한 것이 넘치고 넘칩니다. 괜찮다 싶은 유머들은 평소에 줄기차게 모아야 합니다.

둘째, 수집한 유머를 강의와 연결합니다. 강의안이 완성되면 당신이 수집해놓은 유머들을 훑어보면서 강의안의 어느 부분에 어떤 유머가 관련성이 있는지 찾아냅니다. 이때 머릿속으로 상상강의를 하면서 유머와 연결고리를 만드는 것입니다. 모여 있는 유머들은 강의와 연결됨으로써 비로소 생명력을 갖습니다.

셋째, 표현법을 구상합니다. 모아놓은 유머는 강의에 그대로 사용할 수 있는 것도 있지만 대부분 강의 내용에 맞춰 각색해야 합니다. 내용을 다듬으라는 말입니다. 어떤 식으로 내용을 바꾸고 어떻게 표현해야 유머가 되는지 구상해야 합니다.

넷째, 연습해야 합니다. 유머 자질이 없는 사람은 좋은 유머를 갖고도 썰렁하게 말합니다. 따라서 강의의 상황을 상상하면서 속으로라도 연습을 해봐야 합니다.

유머를 잘하는 사람에게는 이런 과정 자체가 무의미합니다. 그러나 유머에 자신이 없는 사람이라면 이와 같은 과정을 거쳐야 합니다. 그렇게 조금씩 유머를 구사하다 보면 얼마 지나지 않아 당신 특유의 유머를 구사하게 됩니다.

즉석유머

즉석유머는 현장유머라고도 합니다. 하지만 '재치유머'라고도 합니다. 강의 현장에서 순간적으로 포착되는 '유머 포인트'를 활용해 재치 있게 유머를 해야 하기 때문입니다. 우리가 TV의 연예 프로그램을 보면 출연자들이 상대방의 이야기에 대해 대본에 없는 이야기를 즉석에서 하는 경우를 자주 봅니다. 애드리브라고 하는 것이죠. 바로 그런 유머를 할 줄 알아야 유머의 고수가 됩니다. 즉석유머의 요령은 다음과 같습니다.

첫째, 유머를 구사하겠다는 마음가짐이 필요합니다. '유머를 해봐야지'라는 마음을 먹는 것이 참 중요합니다. 그렇게 마음먹으면 자연스럽게 유머거리를 찾으려 애씁니다. '청중을 웃겨야지'라고 마음먹으면 두뇌의 회로가 '유머회로'로 바뀝니다. 두뇌가 유머회로로 바뀌면 말투가 변합니다. 너스레를 떨거나 능글능글하게 변합니다. 그뿐만 아닙니다. 지금까지 그냥 지나쳤던 것에서도 유머거리를 발견합니다. 그것이 유머의 메커니즘입니다.

둘째, 별난 상황에 주목합니다. 강의 현장에서 발견되는 별난 상황은 유머거리가 될 확률이 매우 높습니다. 애드리브의 대상이 될 가능성이 큽니다. 별난 상황이란 청중에게서 발견할 수도 있고 강의장의 분위기에서 발견할 수도 있습니다. 그것이야말로 당신의 능력입니다. 얼마큼 예민하게 상황 파악을 하느냐에 달렸습니다.

셋째, 별난 상황을 유머로 연결하는 것입니다. 저는 '찍어다 붙이기'라고 표현합니다. 별난 상황, 주목한 상황을 이리저리 표현을 바꿔서 강의에 찍어다 붙이라는 말입니다.

대전시 유성에 강의하러 갔을 때의 일입니다. 어느 기업의 전국 대리점 종사자들이 그곳의 호텔에 모였습니다. 호텔 복도를 지나 강당으로 가는 길에 자동으로 여닫히는 출입문이 있었습니다. 그런데 그것이 매우 천천히 움직이는 것이었습니다. 약간 고장이 난 것 같았습니다. 겸연쩍었는지 저를 안내하는 교육담당자가 혼잣말로 "이 문이 왜 이래?"라고 투덜거렸습니다. 아마 그 교육에 참석한 모든 사람이 같은 불편함을 느꼈을 것입니다. 그 별난 상황에 저는 주목했습니다. 그리고 강단에 올라가 이렇게 말했습니다.

"충청도에 오니 다른 곳하고는 분위기가 확실히 다르네요."

그 말에 청중은 '무슨 말을 하려는가?' 하고 신경을 곤두세울 것입니다. 저는 이렇게 덧붙였습니다.

"출입문 동작부터 여유가 있군요."

청중의 폭소가 터졌습니다. 저는 이어서 이렇게 마무리했습니다.

"워낙 정신없는 세상이니까 이곳에서나마 조금 느긋하고 여유 있게 지내시라는 깊은 뜻이 있는 것 같습니다."

청중이 또 웃었습니다. 그렇게 찍어다 붙이는 것입니다.

어떻습니까? 애드리브란 어려운 것이 아닙니다. 미국에서 연구한 것을 보면 사람들은 본격적인 유머를 말하면서 웃는 것보다 자연스럽게 대화할 때 웃는 빈도가 더 높다고 합니다. 아마 당신도 친구들과 낄낄낄 웃으며 대화할 것입니다. 그런 식으로 웃기는 것이 애드리브요 즉석유머입니다. 강의할 때 유별난 상황에 주목하고 그것을 재료로 삼아 '툭!' 치고 나가는 유머를 구사하기 바랍니다. 당신도 얼마든지 할 수 있습니다.

•유머 사용의 원칙•

- 청중의 수준, 강의의 수준에 따라 유머의 내용과 수준을 조절해야 합니다.

- 청중의 주의력 집중이 이뤄지고 강사의 청중 장악이 잘 이뤄지고 있을 때는 구태여 유머구사에 매달릴 필요가 없습니다.

- 강의유머는 반드시 강의 내용과 연결돼야 합니다. 청중의 주의가 산만해졌다고 해서 강의 도중에 갑자기 "재미있는 이야기 하나 해드리죠" 하는 식으로 강의 내용과 관련 없이 웃기는 이야기를 해주면 안 됩니다. 그렇게 하면 강의의 흐름이 끊깁니다.

- 특정인이나 특정 계층의 사람에게 심적 부담을 주는 것이어서는 안 됩니다.

- 청중의 시비를 불러일으킬 여지가 있거나 눈살을 찌푸릴 정도로 비속어를 남발하면 안 됩니다.

- 유머의 내용이 강사의 이미지를 실추시키는 것이어서는 안 됩니다.

☐☐☐ 유머를 구하기 위해 자료(책 등)를 구했습니까? 방법을 찾고 있습니까? 그렇다면 당신이 찾아낸 강의유머를 아래에 세 개만 적어봅시다. 그리고 그 유머를 어떤 경우에 사용할 수 있는지 괄호에 기록하세요.

_______________________________(   )

_______________________________(   )

_______________________________(   )

이런 방법도 있다

핑 잡는 게 매입니다. 강의 효과를 높이는 방법은 당신 자신이 찾는 것이 정도입니다. 그러려면 다른 사람의 강의를 많이 들어보는 것이 좋습니다. 그뿐만 아니라 상상력을 동원해 당신의 강의 주제에 쓸 만한 기법이 어떤 것이 있는지 찾아서 다듬어야 합니다. 노력하지 않고 명강사가 될 수는 없습니다. 강의법을 훈련하는 것 자체가 대단한 공부요 연구입니다.

자수성가해 큰 기업을 일으킨 K 회장과 L 회장. 그분들은 프로 강사는 아닙니다. 그럼에도 매우 흥미진진하게 강의를 합니다. 그런데 그분들이 사용하는 공통적인 것이 바로 선물 활용하기입니다. 이것도 일종의 스팟이라고 할 수 있습니다. 그분들은 그 용어 자체를 모를 것입니다. 스팟과 다른 점은 용의주도한 계산하에 청중과 함께하는 놀이가 아니라 강의 중에 불쑥 선물을 내놓는다는 것입니다. 그분들은 기업인답게 즉석에서 현금을 냅니다.

제가 직접 목격한 바로는 이런 식입니다. 강의 중에 질문을 던졌는데 답을 낸 사람, 제일 먼저 손뼉을 쳐서 분위기를 좋게 한 사람, 강의에 어떤 형식으로든 반응을 보인 사람 등 하여간 튀는 사람을 대상으로 합니다. "이리 나오세요"라고 하고는 즉석에서 주머니 속의 지갑을 꺼내 1~2만 원 정도의 현금을 상금으로 주는 것입니다. 분위기? 당연히 환호가 터집니다. 그다음부터는 서로 대답을 하려고 난리가 납니다. 그렇게 하다 보면 금세 정해진 강의 시간이 다 지나갑니다. 어쩌면 가장 값이 싸게 들고도 강의 효과를 높이는 기법일지 모릅니다. 기업인이다 보니 거부감도 들지 않고 아마추어 같아 더욱 호감이 갑니다.

어떤 선물을 할 것인가는 당신이 판단할 문제입니다. 선물은 저렴하면서도 기발한 것일수록 강의에 어울립니다. 당연지사입니다.

자신의 장기를 활용해 강의 분위기를 좋게 하는 방법도 있습니다. 제가 아는 강사는 마술을 활용합니다. 마술을 활용할 때는 두 가지 방법이 있습니다. 하나는 강의 도중에 "마술을 하나 보여주겠다"고 알려주고 본격적으로 마술을 하는 방법입니다. 또 하나는 강의 내용과 절묘하게 연결해서 깜짝쇼를 하는 방법입니다. 후자가 좋은 방법입니다. 강의가 마술 강의가 아닌 바에는 말입니다.

자신의 장기를 보여주는 것에는 노래하는 것도 있습니다. 대개 학교에서 성악을 배웠거나 노래에 자신이 있는 사람들이 그 방법을 잘 씁니다. 그런데 가끔은 지독한 음치가 노래를 부를 때도 있습니다. 이 경우도 반응은 폭발적입니다. 자신의 결함을 그대로 내보이는 용기가 훌륭한 것입니다. 뿐만 아니라 사실 들어보면 음치 노래가 재미는 더 있으니까요. 이 경우는 음치가 장기인 셈입니다.

노래를 부를 때는 강의 내용과 연설해서 하는 경우도 있고 질문에 답변을 잘하거나 분위기가 좋을 때 서비스 목적으로 노래를 불러주는 예도 있습니다. 저도 그 방법을 드물게 활용합니다. 예를 들면 이런 식입니다. 먼저 질문을 던집니다.

"우리나라 역사상 가장 긍정적이고 애절한 노래가 무엇인 줄 압니까?"

그러면 대부분 알아맞히지 못합니다. 그럴 수밖에 없습니다. 질문이 너무 추상적이니까요. 질문을 던지고 대답을 할 겨를도 없이 제가 먼저 노래를 불러서 답을 내놓습니다. 그 노래는 「잘살아보세」입니다. 한 소절 정도 부른 다음에 이렇게 멘트를 날려 강의 내용과 연결합니다.

"제가 생각하기에 「잘살아보세」라는 노래가 가장 애절합니다. 소망이 있는 노래입니다. 가난의 한을 풀어내려는 의지가 있는 노래입니다. 오죽했으면 '잘살아보세'라고 간절히 불렀겠습니까?"

제가 최근에 써먹은 것은 가수 싸이의 '말춤'입니다(앞에서 말춤을 배웠다고 이미 언급했습니다). 저는 그 말춤을 배워 수백 명의 청중 앞에서 강의 분위기를 잡기 위해 췄습니다. 이 나이에 말입니다. 분위기? 당연히 효과 만점이었습니다. 프로 강사가 되려면 그 정도의 열의가 있어야 합니다. 청중의 즐거움과 강의 효과를 높이기 위해서 말입니다.

제 고교 시절, 컴퍼스를 사용하지 않고 그냥 팔을 휘둘러 칠판 위에 정확한 원을 그리는 수학 선생님이 인기였습니다. 컴퍼스를 사용한 것만큼이나 정확한 원을 그릴 때마다 학생들은 탄성과 웃음을 보냈습니다. 신기에 가까운 선생님의 특기를 학생들은 부러워했습니다. 그런데 요즘에 이르러 그 선생님이 그 정도 실력을 보여주기까지 얼마나 연습을 했을까를 생각하면 숙연해지기까지 합니다.

이렇듯 강사가 강의와 관련된 특별한 재주나 기능을 보여줌으로써 청중의 호감을 사고 강의 효과를 높일 수 있습니다. 강사들이 많이 활용하는 특별한 재주로는 휘파람 묘기, 성대모사, 즉석 그림 그리기, 시 암송 등 다양합니다.

문제는 노력입니다. 명강사가 되고자 하는 열정입니다. 만약 당신이 재미있는 강의를 통해 명강사가 되고자 하는 불같은 욕망이 있다면 그 정도의 노력과 투자는 할 만하지 않습니까? 그것 때문에 당신의 강의가 폭발적인 인기를 끌 수 있다는데 무얼 주저합니까.

과연 당신은 어떤 특기가 있습니까? 없으면 만들면 됩니다. 그리고 그 특기를 강의에 어떻게 접목할 것인지 생각해보기 바랍니다.

판서로 강의 효과 높이기

파워포인트 등의 시청각 자료를 준비하지 않았을 때, 또는 학교 강의나 강의 장소의 사정으로 시청각 자료를 활용할 수 없을 때는 판서로 강의 효과를 높일 수밖에 없습니다. 사실 명강사 중에는 파워포인트를 사용하지 않고 가끔 판서만으로 강의하는 사람이 적지 않습니다. 심지어 파워포인트 같은 보조자료 없이 특강을 할 수 있는 사람이 진짜 명강사라고 주장하는 사람도 있습니다. 저는 파워포인트 없이 판서로만 강의하는 경우가 종종 있습니다. 때로는 파워포인트를 켜놓고도 다른 한쪽에 화이트보드를 설치해 판서를 겸하기도 합니다. 강의의 성격과 내용에 따라 다릅니다. 어떤 방식을 채택할 것인가는 TPO(Time, Place and People, Occasion)에 따라 결정할 일입니다. 판서! 그냥 적절히 쓰면 되는 것 같지만, 그 요령도 따지고 들어가면 뜻밖에 까다롭습니다. 판서 요령을 배워둡시다.

•판서의 요령•

- 프로 강사라면 강의안 작성 시 판서 계획도 동시에 세워야 합니다.
- 강의안 내용 중 판서할 부분이 무엇이며 어떤 배치로 판서할 것인지 사전계획을 합니다.
- 토의식 강의에는 칠판을 두세 개 사용하기도 합니다. 그때 참석자 쪽에서 봐 왼쪽을 주칠판(정리용 칠판)으로 하고 오른쪽을 보조칠판(토의용 칠판)으로 합니다.
- 주칠판은 타이틀과 주요 항목을 쓰는 곳입니다. 청중이 노트에 반드시 기록해야 할 사항을 적습니다.
- 보조칠판은 주칠판의 항목과 관련된 사항 중 청중과 토의하면서 제시된 내용을 적는 곳입니다.
- 주제는 왼쪽 위에 약간 크게 쓰고 끝까지 지우지 않습니다. 내용은 주제보다 약간 작게 씁니다.
- 판서의 레이아웃(판서 계획)을 할 때 강의 시간 내내 지우지 않을 내용, 썼다가 지울 내용을 구분합니다.
- 글씨는 알아보기 쉽게, 확실히, 빠르게 씁니다.
- 판서 중에는 판서 내용을 몸으로 가리지 않도록 옆으로 비켜서서 써야 합니다. 강사의 등이 청중을 향함으로써 칠판과 대화하는 식으로 판서하는 것은 금물입니다.
- 판서는 간결하고 인상 깊게 씁니다.
- 수강자가 기록하는 템포에 맞춥니다.
- 판서를 할 때는 되도록 말하지 않습니다. 판서를 한 뒤에 복창해 확인합니다.
- 그림이나 도표는 오른쪽 위에 그립니다.

- 이야기하면서 도표나 그림을 그릴 때는 대충 재빨리 그리도록 합니다. 청중은 위대한 예술작품을 보러 온 것이 아닙니다. 대강 그리고 글씨는 크고 알아보기 쉽게 씁니다. 그러면서 설명을 계속하고 또 청중을 계속 돌아보는 것이 요령입니다.

- 한 항목의 판서가 끝나고 다음 항목의 판서가 이어질 때는 이미 판서한 내용을 깨끗이 지웁니다. 그때 주제와 항목은 그대로 남겨둡니다.

- 쓰자마자 곧 지워버리는 식의 무의미한 판서를 하지 않습니다.

- 질서정연하게 판서합니다.

- 판서가 끝난 후 칠판을 봤을 때 낙서처럼 돼 있으면 안 됩니다.

- 판서의 가장 이상적인 형태는 강사가 판서한 내용을 그대로 베끼면 훌륭한 노트가 될 수 있도록 하는 것입니다.

- 적절한 한문, 외국어 사용은 판서의 권위를 높일 수 있습니다.

- 판서를 하면서 칠판을 중심으로 강의하는 방법과 판서 후 연단으로 돌아와 판서 내용을 중심으로 강의하는 방법이 있습니다. 학교식 강의는 전자가, 강연 등은 후자가 편리합니다.

- 강의의 주된 무기는 말입니다. 따라서 판서에 시간을 많이 할애해서는 안 됩니다. 내용이 복잡한 도표 등은 사전에 미리 배포하거나 파워포인트 등을 활용해야 합니다.

- 강의를 완전히 끝낸 후 판서 내용을 강사 자신이 모두 지우고 하단하는 것이 원칙입니다.

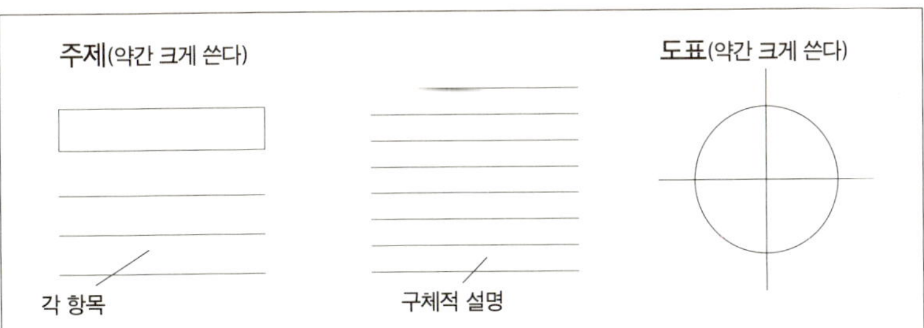

"당신의 최종 목표는 '전천후 명강사'다.
그러려면 어떤 상황에서도
명강의를 할 수 있는 특기를 개발해야 한다.
할 수 있는 모든 방법을 총동원하라."

7단계 ✓ 체크하기

□□□ 이제 8단계로 넘어갈 준비가 됐습니까?

08

"가장 중요한 것은 당신 자신을 정확히 아는 것. 명강의는 그것이 출발점이다."

지금까지 강의법에 대해서 배웠습니다. 그리고 실전을 치렀습니다. 그러면 이제부터 중요한 것은 실전에 대한 피드백을 통해 결함을 고치고 더 나은 방법을 터득하는 것입니다. 그렇게 함으로써 점점 더 명강의 명강사에 다가갑니다.

이 책은 초보자들을 염두에 두고 썼습니다. 그래서 체계상 '강의 능력 검진, 분석'을 마지막 단계로 뒀습니다. 하지만 이미 강의를 하고 있는 사람이라면 이 단계를 처음에 실시해야 합니다. 그렇게 분석을 해본 후에 앞의 2단계부터 실시하면 좋을 것입니다.

또한 이 8단계는 한 번만 하고 마는 것이 아닙니다. 드물게라도 몇 번씩 반복하면서 당신의 강의 기술이 고쳐지고 있는지 확인할 필요가 있습니다. 그렇게 해서 완벽한 명강의 명강사가 되도록 해야 합니다.

반드시 비디오 체크를 하라

강의 기술을 제대로 배우고 훈련받으려면 꼭 해봐야 할 것이 이 단계입니다. 즉, 자신의 강의 모습을 비디오(VTR) 촬영해 분석해보는 것입니다(휴대전화로 촬영해 활용해도 좋습니다). 세계 최고라는 하버드 대학에서도 매년 200명 이상의 교수가 강의 기법 향상을 위해 자발적으로 비디오 촬영을 하고 자문한다고 합니다.

비디오 체크가 그렇게 중요하지만 실제로 자신의 강의 장면을 촬영해 점검해보는 사람은 뜻밖에 적습니다. 그 이유는 무엇보다도 게으르고 무성의한 탓입니다. '뭐, 그렇게까지 할 필요가 있나?' '내 장단점은 내가 잘 알고 있다'는 자만심도 한몫합니다. 그러나 꼭 해봐야 합니다.

사실, 자신의 강의 모습을 비디오로 촬영해 스스로 체크해보는 것은 여간 쑥스러운 일이 아닙니다. 더욱이 자신의 강의 모습을 담은 비디오를 여러 사람과 같이 보며 분석하는 일은 상당한 고통입니다. 강심장이 아니고는 견디기가 어렵습니다. 그래서 비디오 체크를 회피합니다.

"저게 나란 말인가?" 싶을 만큼 충격적으로 다가오는 것이 바로 비디오에 비친 모습입니다. 비디오보다 한 단계 가벼운 체크라 할 수 있는 녹음 분석만 하더라도 그렇습니다. "이게 정말 내 목소리요 말주변인가?" 싶을 정도로 생소하게 느껴집니다. 하물며 목소리, 얼굴 모습, 표정, 제스처 등 모든 것이 적나라하게 드러나는 비디오 분석은 충격적일 수 있습니다. 그러나 거꾸로 생각할 수도 있습니다. 충격적이면 충격적일수록 교정 효과가 크다는 사실입니다.

그러기에 반드시 비디오 체크를 해봐야 합니다. 어떤 조처를 하더라도 반드시 자신의 강의 모습을 동영상으로 촬영해 체크해야 합니다. 그 과정을 거치지 않는다면 더 이상의 훈련은 의미가 없습니다.

당신 자신을 잘 알고 있다고?

대다수 사람이 강의 기법을 배우려고 하면서도 실제로 자기 체크는 그다지 하지 않습니다. 두 가지 이유 때문입니다. 첫째는 귀찮다는 것, 둘째는 자기 체크를 하지 않아도 자신을 잘 알고 있다고 생각하는 것.

비디오 체크하는 것이 귀찮다고요? 당연히 귀찮습니다. 그러나 그것이 귀찮다고 생각하는 한 명강사 되기를 포기하는 것이 낫습니다. 귀찮은데 뭣 하러 그런 훈련을 쌓으려고 합니까.

당신의 수준을 잘 안다고요? 그렇다면 다행입니다. 그러나 미안하게도 당신은 당신 자신을 모릅니다. "아니요. 강의를 못한다는 걸 알고 있기에 이 훈련을 받는 겁니다."라고 말하는 사람도 있을 것입니다. 그러나 그것도 정확히 아는 것이 아닙니다. 강의를 잘 못한다면 무엇이 어떻게 문제인지 확실히 구체적으로 세밀히 알아야 합니다. 설령 강의를 잘하고 있다고 하더라도 한 번쯤 영상 체크를 해보세요. 전혀 다른 결과, 생각지도 못했던 일이 벌어집니다. 더구나 그 영상을 다른 사람이 평가한다면 말할 것도 없습니다.

•유의점•

- 비디오 체크를 하려고 일부러 하는 강의는 바람직하지 않습니다. 강의 기회를 포착해 자연스러운 상태에서 동영상 촬영을 하세요. 그렇게 체크를 해보는 것이 적나라하게 문제점이 드러나 좋습니다.
- 촬영된 동영상을 보고 강사 자신이 평가해보는 것도 나름대로 의미가 있을 것입니다. 그러나 그 방면의 전문가나 식견 있는 동료와 함께 점검하고 평가해야 더욱 효과적입니다.

당신이 강의를 잘한다고 착각하지 마라

강의를 잘하지 못하면서도 남 앞에 나서서 강의하기를 좋아하는 사람이 뜻밖에 많습니다. 한마디로 한심한 사람들입니다. 왜 그런 일이 벌어지는 것일까요? 결론은 착각 때문입니다. 사람들은 자기의 말(강의)이 상대방(청중)에게 잘 먹혀든다고 생각합니다. 그런대로 강의를 잘한다고 믿습니다. 믿는 것은 자유입니다. 하지만 착각인 경우가 대부분입니다.

왜 그런 착각을 할까요? 여러 가지 이유가 있습니다. 가장 큰 까닭은 "당신은 강의를 참 못한다"고 지적받은 적이 없다는 데 있습니다. 지적은 고사하고 대다수 청중은 강의를 듣고 난 후에 강사 앞에서 이렇게 말합니다.

"감명 깊었습니다."

"많은 도움이 됐습니다."

"강의 좋았습니다."

인사치레의 '덕담'입니다. 뒷전에서는 "뭐, 저런 엉터리 강사가 있나?"라고 하면서도 말입니다.

사정이 그렇다 보니 많은 강사가 앞에서 하는 칭찬과 덕담에 현혹돼 주제 파악을 못합니다. 판단이 흐려집니다. 따라서 정말로 명강의를 하고자 한다면 그 착각에서 깨어나야 합니다. 자기 자신에 대해 냉정한 평가를 해봐야 합니다.

당신의 강의 기술에서 무엇이 강점이고 무엇이 문제인지를 정확히 파악해야 합니다. 강사의 자격이 있는지도 냉정히 평가해야 합니다. 그래야 착각에서 벗어날 수 있습니다. 그것이 선행되지 않고서는 진정한 명강의 명강사는 불가능하게 됩니다. 이 단계에서는 당신의 강의 능력, 강사가 지녀야 할 자질을 정확히 검진, 분석해보도록 합니다. 그래야 적절한 처방이 나옵니다.

당신은 어떤 강사인가(비디오 분석)

동영상으로 비디오 체크를 하기 전까지, 당신의 강의에 대해 여러 가지 평가가 있었을 것입니다. 남들이 해준 평가도 있었을 것이고 당신 스스로 내린 평가도 있었을 것입니다. 지금까지 있었던 평가에 대해서는 모두 잊어버리도록 합시다. 특히 지금까지 들어온 청중의 칭찬은 과장됐거나 거짓이었다고 생각합시다.

좋든 나쁘든 싫든 좋든 동영상으로 체크하고 진단한 것만이 정확한 것이라고 생각하고 받아들여야 합니다. 그리고 고쳐야 합니다. 동영상이 확보됐으면 아래 항목을 중심으로 체크합니다.

목소리, 말

- 목소리의 크기는 적절합니까? _______________________________
- 말하는 속도는 적절합니까? _______________________________
- 목소리, 말투의 변화는 어떻습니까? _______________________________
- 발음은 어떻습니까? _______________________________
- 말투, 어법에 문제는 없습니까? _______________________________
- 특이한 버릇, 고쳐야 할 버릇은 없습니까? _______________________________

몸동작

- 몸동작이 자연스럽고 변화가 있습니까? _______________________________
- 단상에서 동선은 어떻습니까? _______________________________
- 몸짓의 빈도와 상태는 어떻습니까? _______________________________
- 신경 쓰이거나 고쳐야 할 몸동작은 없습니까? _______________________________

시선과 표정

- 표정은 전체적으로 어떤 이미지를 줍니까? _______________________________
- 시선 처리는 어떻습니까? _______________________________
- 표정 연출은 적절합니까? _______________________________
- 고쳐야 할 것은 무엇입니까? _______________________________

강의 스타일

- 강의 스타일은 어떻습니까? _______________________________

  (웅변형. 무미건조형. 만담형. 포효절규형. 애교형. 오버형 등)

- 강의 스타일에 변화는 있습니까? _______________________________
- 고쳐야 할 것은 무엇입니까? _______________________________

내용 구성력

- 논리의 전개는 어떻습니까? _______________________________

- 내용 구성 능력은 어떻습니까? _____________________________

- 화제를 흥미진진하게 끌어갑니까? _________________________

- 표현법은 어떻습니까? ___________________________________

- 고쳐야 할 것은 무엇입니까? _____________________________

전체적인 평가

- 전체적으로 봐 어떤 수준의 강의 능력입니까? _______________

- 명강사가 되기 위해 꼭 고쳐야 할 문제점은 무엇입니까? ______

그 밖의 특기사항

- 강의 스타일은 어떤 청중, 어떤 강의에 적합합니까? __________

- 그 밖에 장단점은 무엇입니까? ___________________________

"검진이 정확해야 처방이 바로 된다."

당신은 자신을 어떻게 평가하는가

●

위와 같은 방법으로 비디오 체크를 하더라도 미진한 부분이 있습니다. 아무리 전문가를 동원해 강의 능력을 평가하더라도 한계가 있게 마련입니다. 겉으로 드러난 것만으로 강의 능력을 평가하게 된다는 점 때문입니다. 또 하나는 단 한 번의 모델 강의로 그 강사의 모든 것을 평가할 수는 없다는 점 때문입니다.

예를 들어, 강사가 강의 주제에 대해 어느 정도로 깊은 지식을 가졌는지 제3자가 파악하기 어렵습니다. 또는 비디오 체크를 한 그날의 강의가 강사의 사정 때문에 평소보다 부실한 강의일 수도 있습니다. 반대로 아주 잘한 강의일 수도 있고요.

그러므로 강사의 강의 능력을 정확히 진단하기 위해서는 강사 자신의 셀프 평가도 함께 고려하는 것이 필수적입니다. 부분적으로는 강사 자신이 자기 장단점을 가장 정확하게 알 수 있기 때문입니다. 또 타인의 진단에 대해 최종적으로 평가할 수 있는 것도 강사 자신이기 때문입니다.

내 강의는 어떤가

셀프 체크 방법으로는 미국 아이오와 대학의 맨퍼드 쿤이 개발한 방법을 원용하는 것도 도움이 됩니다. 쿤의 방법은 "나는 누구인가?"라는 질문에 대해 '20가지 진술 테스트(TST: Twenty Statements Test)'를 하는 것입니다. 즉, "나는 누구인가?"라는 질문에 당신이 어떤 사람인가를 기술하는 짧은 문장 20가지를 적어서 자기 자신을 파악하는 것입니다. 그것을 이용해 "내 강의는 어떤가?"라는 질문을 스스로 던지세요. 20가지 정도로 강점, 문제점, 고쳐야 할 점을 파악해보는 것입니다. 그렇게 해서 강점을 극대화하고 약점을 보완하도록 합니다.

(1) ____
(2) ____
(3) ____
(4) ____
(5) ____
(6) ____
(7) ____
(8) ____
(9) ____
(10) ____
(11) ____
(12) ____
(13) ____
(14) ____
(15) ____
(16) ____
(17) ____
(18) ____
(19) ____
(20) ____

강의 기술 종합분석과 처방

자신의 강의 기술을 진단해봤다면 강점과 약점이 무엇인지 알았을 것입니다. 명강의를 위해 반드시 고치고 해결해야 할 과제가 무엇인지도 파악했을 것입니다. 자기 자신과 타인이 해준 진단과 처방을 종합적으로 정리해 기록해두고 완전히 교정할 때까지 가끔 읽어보면서 피드백을 해야 합니다.

전체적인 강의 능력 평가(소감)

-
-
-
-
-

반드시 고쳐야 할 문제점

-
-
-
-
-

더욱 발전시켜야 할 강점

-
-
-

- ____
- ____

명강의를 위한 결의

- ____
- ____
- ____
- ____
- ____

명강사의 자질이 있는지 체크해보라

●

지금까지 비디오 영상 체크나 자기 자신의 체크 등을 통해 강의 기술의 수준과 문제점을 점검해봤습니다. 이제 당신에게 명강사가 될 자질이 있는지도 점검해봅시다. 다음은 '명강사의 10가지 조건'입니다. 당신은 어느 정도 수준인지 스스로 체크하면 됩니다. 내면의 소리를 솔직히 반영하기 바랍니다. 그리고 부족한 점은 계속해서 보완해야 합니다.

전문지식

강의에서 강의 기법이 차지하는 비중이 큽니다. 하지만 속된 말로 밑

천이 있어야 장사를 할 것입니다. 강의 기술이란 강의 내용을 포함하는 개념입니다. 따라서 명강의는 내용이 탁월해야 합니다. 그러려면 자기가 말하고자 하는 테마에 관해 깊이 있는 지적 자산을 가지고 있어야 합니다. 그것이 강사로서의 우월성 여부를 판가름하는 기본이라 할 수 있습니다.

해박한 전문지식은 알게 모르게 청중에게 전달됩니다. 결국 강사의 이미지, 강의 수준, 강의 효과를 좌우하게 됩니다.

풍부한 경험

"경험자는 말한다"는 이야기가 있습니다. 청중에게 좀 더 실감 나고 흥미있는 강의가 되기 위해서는 강사 자신의 풍부한 경험담이 사례로써 보충될 필요가 있습니다. 순수 학자들의 강의가 그 명성이나 전문지식보다 호감을 얻지 못하는 이유 중의 하나는 현실과 괴리된 순수 이론적 논리전개에 치우치는 경향이 때문입니다.

기업 경영을 해본 적이 없는 사람이 경영을 말하면 아무래도 실감이 적습니다. 통찰의 힘으로 그렇게 할 수도 있다지만 그것은 자기 변명, 자기 합리화에 불과합니다.

강의가 더욱 재미있고 청중의 공감을 불러일으켜 강사와 청중 사이에 일체감을 조성하기 위해서는 경험의 공유가 필요합니다. 따라서 다양하고 풍부한 경험은 좋은 강사가 되기 위한 조건이 됩니다. 당신이 경험한 것으로 강의할 수 있을 때 명강사에 조금 더 다가갈 수 있습니다. 간접경험이라도 풍부하게 쌓아둬야 합니다.

인간적인 매력, 신뢰

저는 부정하게 돈을 밝히던 고위공직자가 '공직자의 도덕성과 윤리'에 대해 강의하는 것을 보고 청중 사이에서 말이 많았던 사례를 알고 있습니다. 유능하지 못해 직장에서 퇴출당한 사람이 산업교육 강사로 변신해 '리더십'을 강의하는 것을 보고 뒷말이 무성한 사례도 있습니다. 그야말로 웃기는 일입니다.

심리학에 후광 효과가 있습니다. 마찬가지로 강사가 어떤 이미지를 주는 사람이냐에 따라 강의에 대한 신뢰도가 달라집니다. 청중의 반응이 다르게 나타납니다. "무엇을 말하느냐보다 누가 말하느냐가 더 중요하다"는 말이 있습니다. 그만큼 강의 효과를 높이기 위해서는 전달자(강사)에 대한 인간적인 신뢰와 호감이 있어야 합니다.

그러므로 강사는 평소의 몸가짐과 자기 관리에 신경을 써야 합니다. 자신의 대외적 이미지와 상반되거나 격에 어울리지 않는 주제로 강의하는 것은 피해야 합니다.

현장 적응력

청중이 졸든 말든, 강의 분위기나 환경이 강의를 진행하기에 적합하든 그렇지 않든, 그런 것은 안중에도 없이 자기가 할 이야기만 해대는 강사가 있습니다. 참으로 멋없는 강사입니다. 아무리 강의안이 잘됐다 하더라도 현장의 분위기와 다를 수 있습니다. 이럴 때 유능한 강사라면 강의 현장에 민감하게 적응해 즉석에서 강의 내용을 바꿉니다.

비아냥대는 말로 "공자 앞에서 문자 쓴다"는 말이 있습니다. 명강사라면 공자 앞에서는 문자를 써야 합니다. 즉, TPO에 따라 강의 수준, 내용, 표현 기술을 적절히 조절할 수 있는 능력이 있어야 합니다.

자기계발 습관

강사 중에는 예전이나 지금이나 항상 똑같은 내용으로 강의하는 사람이 있습니다. 이는 강사로서 불성실함을 보여주는 것입니다. 한 번 개발한 주제로 평생을 우려먹겠다는 무성의한 태도입니다. 유능한 강사로서 위치를 지속해서 확보하려면 끊임없는 자기계발 노력을 기울여야 합니다. 습관화되고 생활화돼야 합니다. 그것이 곧 명강사로서 명성을 유지하는 일입니다. 한 인간으로서 자기 성취를 앞당기는 지름길이 됩니다.

프로 강사의 경우 한 시간 강의하기 위해서 네 시간 이상 준비를 해야 한다고 합니다. 그러나 준비만 그렇다는 것입니다. 그 한 시간에 어쩌면 그때까지 경험하고 공부하고 개발한 모든 것이 함축될 것입니다. 따라서 남보다 뛰어난 강사가 되기 위해서는 더 많이 듣고, 더 많이 보고, 더 많이 배우고, 더 많이 생각하는 생활습관을 가져야 합니다.

내용 구성력

똑같은 물감으로 그림을 그려도 화가에 따라 그림의 수준이 다릅니다. 같은 수의 음표와 쉼표를 갖고도 작곡가에 따라 다른 음악이 나옵니다. 같은 재료로 음식을 만들어도 사람에 따라 맛이 다릅니다. 같은 수의 단어로 문장을 지어도 작가에 따라 그 호소력이 다릅니다.

마찬가지로 같은 화제, 같은 줄거리라도 어떻게 논리를 전개하고 어떻게 스토리를 구성하느냐에 따라 강의 효과는 전혀 달라집니다. 강사는 풍부한 상상력을 동원해 어떻게 청중에게 공감을 주고 호감을 살 것인지 고민해야 합니다. 탁월하게 자기 논리를 세우고 내용을 구성하는 능력이 있어야 합니다.

언변

강의는 기본적으로 말로 하는 것입니다. 따라서 언변이 강의 기술

의 전부는 아닐지라도 훌륭한 강사가 되기 위한 중요한 조건의 하나
인 것만은 부인할 수 없습니다. 그러므로 말솜씨를 키우는 훈련도 꾸
준히 해볼 필요가 있습니다. 다만, 강의에서 언변이 차지하는 비중을
너무 과대평가하면 안 됩니다. 말솜씨가 좀 있다고 우쭐해 하는 것
말입니다. 반대로 스스로 비하해 '나는 안 되겠다'고 포기하는 잘못
을 범해서도 안 됩니다.

연기력

강의는 연기입니다. 그러므로 유능한 강사는 쇼맨십이 있어야 합니
다. 연기력이 있어야 합니다. 본래의 자기야 어떻든 상관없습니다.
강단에 선 순간부터는 무대 위에 올라간 배우라고 생각해야 합니다.
배우처럼 연기할 수 있어야 합니다.

　같은 말을 해도 어조, 표정 연출, 제스처에 따라 그 효과가 무척 달
라집니다. 그러므로 배우와 같은 연기력은 강사에게 있어서 대단히 중
요합니다. 연기력이 없다면 훈련하면 됩니다. 배우가 연기력 공부를 하
는 것처럼 말입니다. 강의에서 필요한 연기력은 조금만 갈고 닦으면
충분합니다.

임기응변력

강의 도중에는 예기치 않은 상황이 발생하곤 합니다. 예를 들어, 난

처한 질문을 받는 경우도 있고 야유를 받는 경우도 있습니다. 본의 아닌 실수도 있습니다. 그때 당황하지 않고 적절하게 대처할 수 있는 임기응변 능력이 있느냐 하는 것도 유능한 강사로서 척도가 됩니다. 때로는 그런 경우를 당했을 때 어떤 말로 어떻게 대처할지 방도를 미리 연구해놓는 것도 지혜입니다. 당신의 강의 주제와 내용을 알면 그런 정도는 예측가능하니까요.

건강과 생활태도

강사는 건강해야 합니다. 강의는 중노동이라 할 수 있습니다. 실제로 강의를 하다가 쓰러진 사람도 적지 않습니다. 어쩌다 한두 시간 정도 하는 강의라면 그다지 문제가 없습니다. 하지만 하루에 서너 시간씩 여러 날을 계속해야 하는 직업이라고 생각해보세요. 무엇보다도 힘든 것이 '말하는 것'임을 실감하게 됩니다.

또한 강의의 효과는 그날의 컨디션에 좌우되는 수가 많습니다. 그러므로 강사는 항상 최상의 컨디션을 유지힐 수 있도록 건강에 유의해야 합니다. 강의 전날에는 절대 음주를 하지 않는다는 등 나름대로 생활규칙을 정하는 것도 좋습니다.

"여기까지 훈련하느라 고생 많았습니다.
그러나 이것이 끝이 아닙니다.
계속된 노력이 필요합니다."

지금까지 모두 8단계에 걸쳐 명강사가 되기 위한 훈련을 쌓았습니다. 어떻습니까? 자신 있습니까? "가르치면서 배운다"는 말을 실감하며 저도 많은 반성을 했습니다. 고쳐야 할 것이 많았습니다. 제가 주장하는 대로 실천하지 못하는 부분도 많았습니다. 앞으로 고치겠습니다.

이제 여러분은 명상사의 길로 접어들었습니다. 그러니 그것이 끝이 아닙니다. 명강의 명강사로서 시작에 불과합니다. 더 큰 목표를 세워야 합니다. 좋은 강사의 수준을 뛰어넘어 탁월한 명강사, 훌륭한 명강사가 되는 것입니다. 그럼으로써 명강의 명강사라는 목표는 완성됩니다. 마지막으로 당신이 계속해서 명강의 명강사가 되기 위해 마음에 담아 둬야 할 몇 가지를 말하겠습니다.

좋은 강사를 넘어 위대한 강사로

『굿 투 그레이트Good to Great』. 우리나라에서는 『좋은 기업을 넘어 위대한 기업으로』라고 번역, 소개됐습니다. 그 인기도서를 쓴 짐 콜린스는 스탠퍼드 경영대학원에서 경영자들을 위한 창의력과정을 강의하는 등 명강사로서도 이름을 날리고 있는 사람입니다. 이미 1992년에 '최우수 강사상Distinguished Teaching Award'을 받았습니다. 지금도 강의로 세계를 누빕니다.

그의 강의 스타일은 열정적이고 영감을 불러일으키는 것으로 유명합니다. 그 명성이 그냥 얻어진 것이 아닙니다. 명강사로서 위상을 확고히 하기 위해 그는 자신의 커리어와 능력을 예술적으로 관리한다고 합니다. "커리어와 능력을 예술적으로 관리한다"는 말이 멋지지 않습니까? 그야말로 '굿 투 그레이트', 좋은 강사를 넘어 탁월한 명강사의 길을 가고 있는 것입니다.

짐 콜린스는 콜로라도 주 보울더에 연구실을 마련하고 그곳에서 자신만의 강의 스타일을 계속해서 연구개발하고 있습니다. 좀 더 많은 사람에게 좀 더 나은 강의를 하기 위해 그렇게 하는 것입니다. 세계적인 명강사는 그렇게 해서 탄생하고 그 명성을 유지합니다.

그렇다면 당신은 과연 어떻습니까? 강의 기술에 대한 훈련을 조금 쌓았다고 해서 이제 됐다고 자만해서는 안 됩니다. 그야말로 이제 초보 수준이라고 겸손하게 생각해야 합니다.

실전을 통해 꾸준히 연마하라

강의 기법은 한 번만 잘 훈련받으면 그다음의 훈련은 필요가 없습니다. 이제부터 중요한 것은 실전입니다. 강의할 기회를 만들어서 꾸준히 연마해야 합니다. 우리 같은 직업적 프로 강사들도 한 달 정도만 강의를 안 하고 다시 강단에 서면 '버벅'거립니다. 여기서 배운 강의 기법은 실전 강의를 통해 계속해서 업그레이드시켜야 합니다. 그래서 탁월한 명강사가 돼야 합니다. 많은 노력이 필요합니다. 쉽게 해서 크게 이룰 일이 어디 있겠습니까?

우리나라를 휘어잡을 탁월한 명강사를 꿈꾸며 정진해야 합니다. 이 기술은 잘 개발해놓으면 직장인은 물론이요, 청년이나 퇴직자들의 일자리를 창출하는 데 중요한 도구가 될 수도 있습니다. 그런데 문제는 수준입니다. '굿'을 넘어 '그레이트'해야 합니다. 그래야 시장에서 살아남습니다. 그래야 경쟁을 뚫고 우뚝 설 수 있습니다. 그러려면 노력도 치열하고 '그레이트'해야 합니다.

❖ 그레이트한 노력이 그레이트한 명강사를 낳는다

올해(2013년) 85회 아카데미 시상식은 여러모로 화제를 뿌렸습니다. 그중에서도 최고의 압권은 사상 최초로 세 번씩이나 남우주연상을 거머쥔 다니엘 데이-루이스입니다. 그러나 그 대단한 상을 세 번 받았다는 것보다 더 감동적인 것은 연기에 임하는 자세입니다. 그는 다작하는 배우는 아닙니다. 하지만 최고의 연기를 보여주는 것으로 유명합니다. 거의 광적인 '메소드 연기(극 중 인물과 동일시하는 극사실주의 연기)'를 합니다.

첫 번째 수상작인 「나의 왼발」에서는 뇌성마비에 걸린 캐릭터를 연기하기 위해 촬영 기간 내내 휠체어에 앉아 지냈습니다. 밥도 다른 사람들이 떠먹여 줬습니다. 결국 갈비뼈 두 대가 부러지고 나서야 휠체어에서 벗어났답니다. 두 번째 수상작인 「데어 윌 비 블러드」에서는 아예 자기 이름과 같은 다니엘이라는 주인공 역을 연기했습니다. 혼신의 명연기를 펼친 것은 말할 것도 없고요.

이번 수상작인 「링컨」도 예외가 아닙니다. 아일랜드계 영국인인 다니엘 데이-루이스는 미국 남부 억양을 가진 링컨과 똑같은 연기를 하기 위해 평소에도 연기할 때와 같은 목소리와 억양으로 대화했습니다. 1년간 링컨에 관한 책 약 100권을 읽었습니다. 역사학자를 데리고 링컨이 태어나 살던 집과 변호사 사무실을 찾았습니다. 영화 속 머리와 수염도 영화 촬영을 위해 기른 것은 당연하고요.

그는 연기를 위해 목숨을 건 모험도 마다하지 않았습니다. 「아버지의 이름으로」에서 폭탄 테러범으로 몰린 북아일랜드 청년을 연기하기 위해 영화 촬영 전 감옥에서 생활했습니다. 거기서 13킬로그램을 감량하고 자진해 고문을 받았습니다. 「갱스 오브 뉴욕」 촬영 때는 폐렴에 걸리고도 얇은 촬영용 의상만 입고 다니면서 치료받기를 거부했습니다. 영화의 배경인 19세기 초중반에는 두꺼운 옷도 폐렴 치료 약도 없었기 때문이라는 것이 이유입니다(「조선일보」 2013. 2. 26. 참고). 한마디로 자신의 일에 미쳤습니다. 그러기에 새로운 역사를 쓸 수 있었습니다.

그를 통해 '굿'을 넘어 '그레이트'가 된다는 것이 어떤 것인지를 알게 됩니다. 그를 통해 저는 아무것도 아니라는 사실을 뼈저리게 반성합니다. 우리 명강사를 지향하는 사람들이 앞으로 무엇을 어떻게 해야 할지 생각하게 합니다. "미쳐야 미친다"는 말을 새삼 되새깁니다.

품격 있는 전천후 명강사가 되라

이제 강의법 훈련을 마치면서 당신에게 권할 것이 있습니다. 한두 번의 강의, 한두 가지의 강의만 잘하는 강사가 돼서는 안 된다는 것입니다. 명실상부한 프로 명강사, 위대한 명강사가 되려면 언제, 어디서, 어떤 상황에서, 어떤 청중에게, 어떤 주제로 강의하더라도 충분히 소화할 수 있는 전천후 명강사가 돼야 합니다. 그래야 완벽하게 계발된 능력이 됩니다.

그리고 단순한 전천후 명강사에만 그쳐서도 안 됩니다. 인품 있고, 교양 있고, 품격 있는 명강사가 돼야 합니다. 강사가 자신을 자칫 잘못 관리하면 '말만 번지르르하게 하는' 사람이라는 평가를 받기에 십상입니다. 말만 번지르르하게 하는 것이 아니라 말도 살하고, 일도 잘하고, 품성도 좋은 그런 강사가 돼야 합니다. 그것이 진정 그레이트한 명강사입니다.

그 꿈을 응원합니다.

"당신을 전천후 명강사로 만들어드립니다."
"명강의법을 익히면 평생의 경쟁력이 됩니다."

이 책의 내용에 따른 강의법을 집중적으로 교육 훈련받고자 하는
사람은 다음을 참고하시기 바랍니다.

◆ 2~8시간 프로그램

- 저자 직접 지도

- 문의: 조관일 창의경영연구소(www.imcenter.co.kr)

◆ 2박3일 집중훈련 프로그램

- ㈜한국강사협회 전문강사진의 맞춤 훈련

- 문의: ㈜한국강사협회(www.kela.co.kr)

KI 신서 5024

청중을 사로잡는 명강의 기술

1판 1쇄 발행 2013년 5월 24일
1판 4쇄 발행 2017년 11월 20일

지은이 조관일
펴낸이 김영곤 **펴낸곳** (주)북이십일 21세기북스
출판마케팅팀 김홍선 최성환 배상현 신혜진 김선영 나은경
출판영업팀 이경희 이은혜 권오권
홍보기획팀 이혜연 최수아 김미임 박혜림 문소라 전효은 백세희 김세영
제작팀 이영민 **제휴팀** 류승은
출판등록 2000년 5월 6일 제406-2003-061호
주소 (10881) 경기도 파주시 회동길 201(문발동)
대표전화 031-955-2100 **팩스** 031-955-2151 **이메일** book21@book21.co.kr

(주)북이십일 경계를 허무는 콘텐츠 리더

21세기북스 채널에서 도서 정보와 다양한 영상자료, 이벤트를 만나세요!
페이스북 facebook.com/21cbooks   **블로그** b.book21.com
인스타그램 instagram.com/21cbooks   **홈페이지** www.book21.com

서울대 가지 않아도 들을 수 있는 명강의! 〈서가명강〉
네이버 오디오클립, 팟빵, 팟캐스트에서 '서가명강'을 검색해보세요!

ⓒ 조관일, 2013

ISBN 978-89-509-4956-5 03320
책값은 뒤표지에 있습니다.

이 책 내용의 일부 또는 전부를 재사용하려면 반드시 (주)북이십일의 동의를 얻어야 합니다.
잘못 만들어진 책은 구입하신 서점에서 교환해 드립니다.